À L'ITALIENNE TOUS LES JOURS

À L'ITALIENNE
TOUS LES JOURS

125 recettes simples et délicieuses

giada de laurentiis

PHOTOS PAR VICTORIA PEARSON
AVANT-PROPOS DE MARIO BATALI

Traduit de l'américain par
Nicole Poirier

AdA

JE DÉDIE CE LIVRE AUX DEUX HOMMES LES PLUS
IMPORTANTS DE MA VIE : mon frère Dino, mon
meilleur ami et mon compagnon lorsque nous
faisions la cuisine ensemble, qui restera toujours
présent dans ma mémoire et constituera une
constante source d'inspiration ; et mon adora-
ble époux, Todd, qui m'a toujours encouragée
à faire ce que j'aimais dans la vie et conseillé
de ne jamais me lasser des mets italiens.

Copyright © 2005 Giada De Laurentiis
Photos Copyright © 2005 Victoria Pearson
Avant-propos Copyright © 2005 Mario Batali
Titre original anglais : Everyday italian
Copyright © 2006 Éditions AdA Inc. pour la traduction française
« Everyday Italian » est une marque déposée par le Televison Food Network, G.P.
Utilisée avec permission.
Cette publication est publiée en accord avec Random House, Inc., New York, NY
Tous droits réservés. Aucune partie de ce livre ne peut être reproduite sous quelle que
forme que ce soit sans la permission écrite de l'éditeur sauf dans le cas d'un critique
littéraire.

Éditeur : François Doucet
Traduction : Nicole Poirier
Révision linguistique : Nicole Demers et André St-Hilaire
Révision : Nancy Coulombe
Graphisme : Sébastien Rougeau
Design : Jan Derevjanik
ISBN 2-89565-436-0
Première impression : 2006
Dépôt légal : 2006
Bibliothèque et Archives nationales du Québec
Bibliothèque Nationale du Canada

Éditions AdA Inc.
1385, boul. Lionel-Boulet
Varennes, Québec, Canada, J3X 1P7
Téléphone : 450-929-0296
Télécopieur : 450-929-0220
www.ada-inc.com
info@ada-inc.com

Diffusion
Canada :   Éditions AdA Inc.
France :   D.G. Diffusion
                   Rue Max Planck, B. P. 734
                   31683 Labege Cedex
                   Téléphone : 05.61.00.09.99
Suisse :   Transat - 23.42.77.40
Belgique :   D.G. Diffusion - 05.61.00.09.99

Imprimé en Chine   SODEC

Participation de la SODEC.
Nous reconnaissons l'aide financière du gouvernement du Canada par l'entremise du
Programme d'aide au développement de l'industrie de l'édition (PADIÉ) pour nos acti-
vités d'édition.
Gouvernement du Québec - Programme de crédit d'impôt pour l'édition de livres -
Gestion SODEC.

Catalogage avant publication de Bibliothèque et Archives Canada

De Laurentiis, Giada

    À l'italienne tous les jours
    Traduction de : Everyday Italian
    Comprend un index.

    ISBN 2-89565-436-0

    1. Cuisine italienne. I. Titre.

TX723.D4214 2006   641.5945   C2006-940793-2

Table des matières

Avant-propos PAR MARIO BATALI

Vous croyez peut-être que tous les chefs de cuisine qui apparaissent à la télévision sont des amis, qu'ils se retrouvent le soir venu dans un restaurant quatre étoiles afin de déguster paisiblement un repas gastronomique à six services en sirotant de grands vins, qu'ils profitent de l'occasion pour frayer avec les vedettes de cinéma et qu'ils se déplacent en limousine. Ou encore pensez-vous qu'il existe un club select pour les chefs de la télévision et que ces derniers s'y retrouvent une fois la semaine pour échanger sur les accessoires de cuisine ou les pâtes alimentaires maison. Peut-être pensez-vous aussi qu'ils sont toujours en voyage, qu'ils œuvrent dans les cuisines des uns et des autres ou sur leur plateau de production respectif afin d'échanger les trucs du métier.

Détrompez-vous, il n'en est rien.

J'ai fait la connaissance de Giada De Laurentiis, comme la majorité des Américains d'ailleurs, en regardant son émission de télévision, *Everyday Italian*. J'adore regarder Food Network (Réseau de la cuisine) mais, dans la vraie vie, j'ai rarement le temps de m'asseoir paisiblement pour l'écouter et y prendre plaisir. De plus, je suis un surfeur professionnel des chaînes de télévision. Vous voyez le genre ! Donc, il est très difficile pour une émission de capter mon attention plus de quelques secondes avant que je me mette à pitonner et que j'assiste à un tournoi de golf ou à un autre événement. Cependant, je donne toujours une chance au Food Network. Voilà qu'un jour j'aperçois Giada, que j'avais vue antérieurement faire de la promotion, mais dont je n'avais jamais écouté l'émission. Elle est là en train de parler de sa famille et des hors-d'œuvre à l'italienne (*antipasti*). Ce jour-là, je suis tombé sous son charme et j'ai voulu en savoir davantage à son sujet.

La première chose qui a attiré mon attention, c'est que tout était beau à l'écran — autant l'hôtesse que la nourriture ; les mets avaient vraiment l'air délicieux, réels et naturels. De plus, j'ai remarqué que Giada savait vraiment de quoi elle parlait. Malgré ses allures de vedette de cinéma, j'ai compris qu'elle n'était pas à la télévision parce qu'elle est très jolie, mais simplement parce qu'elle est une fille d'origine italienne qui sait cuisiner. Je suis tombé sous son emprise.

Quelques mois plus tard, j'ai appris que Giada et moi avions un ami commun au Food Network et nous nous sommes tous les trois entendus pour monter un spécial télévisé — Giada et moi agissant à titre de coprésentateurs. C'est de cette façon que j'ai finalement rencontré Giada. J'ai découvert en cette Italienne une femme intelligente aux valeurs très axées sur la famille — trois qualités que ma grand-mère souhaitait retrouver chez ma future épouse. (Malheureusement, il est trop tard !) Giada est de plus une excellente cuisinière, elle connaît très bien la nature des aliments et il est agréable de travailler en sa compagnie — trois qualités que j'espérais trouver chez une coanimatrice à la télévision.

Voilà donc son premier livre de recettes — comme le mien, il traite de la nourriture italienne dans toute sa simplicité. Ces années-ci, presque tous les auteurs de livres de cuisine déploient la bannière de la simplicité dans leur approche, mais ils me laissent perplexe. Avec ce livre, *À l'italienne tous les jours*, le mot « simplicité » retrouve son sens ; en effet, il ne vous faudra pas plus de six ingrédients et vous n'aurez qu'à lire une demi-page de texte pour réaliser votre recette préférée ; malgré cela, j'y ai trouvé tout ce qu'il me faut pour bien manger. L'auteure s'est efforcée de faire ressortir les saveurs naturelles des aliments et a fait des efforts non moins négligeables pour que ces derniers se retrouvent rapidement sur la table (nul besoin de passer une demi-journée à trouver les ingrédients nécessaires pour une recette, ce que j'ai souvent à faire lorsque je cuisine en consultant mes propres livres). La présentation de *À l'italienne tous les jours* est géniale ; il est très facile d'y trouver une recette sans avoir à passer l'index au peigne fin. La personnalité passionnée de Giada est omniprésente dans ce livre des plus conviviaux ; mon enthousiasme me fait dire que non seulement je suis prêt à essayer toutes les recettes de son ouvrage, mais aussi que j'aurais le goût de les préparer avec elle. Voilà ce que dégage un bon livre de recettes !

Giada et moi avons une approche et des styles bien différents quant à la cuisine italienne. Cependant, nos racines sont les mêmes, nous avons le même amour de notre culture, nous choisissons les mêmes tables, les mêmes mets exquis que nous consommons dans des arrondissements historiques ; en fait, nous avons la même appréciation de tout ce qui est italien, une partie intégrante de notre système nerveux. Nous partageons cet amour, cette nourriture, cette vie et cette passion avec la même ardeur, mais différemment. Sa nourriture n'est pas là pour être préparée par un chef colérique privilégiant la technique ou encore par quelqu'un qui recherche la perfection ou de nouvelles combinaisons culinaires. Giada ne veut impressionner personne par une expertise en matière d'ingrédients ésotériques ou encore par un génie inventif servant à créer de nouvelles saveurs. Sa cuisine fait partie de la réalité contemporaine, celle du XXIe siècle. Giada ne cherche pas à nous ramener dans le passé en nous confiant comment faire nous-mêmes nos pâtes ou encore comment laisser mijoter un ragoût toute la journée. Mais ne vous méprenez pas ! Dans ce livre, il est question de la véritable cuisine italienne, celle des grands-mamans, des tantes, des frères, des cousins et des belles-sœurs de Giada... l'authentique cuisine familiale italienne. Et ce livre est indispensable pour quiconque veut nourrir sa famille avec de fantastiques mets italiens... tous les jours.

Introduction

Je veux que ce livre vous procure du plaisir. D'ailleurs, je trouve que c'est très amusant de faire de la bouffe. Et la cuisine italienne est la plus amusante de toutes. Tout y est passion et sollicite nos sens : gustatif, olfactif et tactile. Tout tourne autour de la famille, du rapprochement des personnes qui en font partie et du travail en équipe et, évidemment, de délicieux repas préparés et servis à la maison. Le cœur de la cuisine italienne est la maison, et ce livre vous permettra de créer tous les jours de la semaine de fantastiques repas italiens dans votre propre cuisine, que ce soit un lunch rapide ou un souper du dimanche.

Dans les pages qui suivent, vous trouverez les recettes qui ont fait partie de mon enfance. Je les ai remaniées afin de les simplifier et de moderniser les processus de cuisson sans toutefois en compromettre la saveur authentique. Vous avez peut-être vu quelques-uns de ces mets à mon émission sur le Food Netwook, *Everyday Italian*, mais ce n'est qu'à partir du moment où vous les préparerez vous-même que vous découvrirez à quel point ils sont délicieux. Vous n'avez pas besoin d'ingrédients bien élaborés ou de techniques sophistiquées qui prennent trop de temps ; tout ce qu'il vous faut, c'est d'aller faire un petit tour au super-marché et de suivre quelques-uns de mes raccourcis personnels. Les plats pro-posés sont vraiment fantastiques et il vous restera amplement de temps pour avoir du plaisir avec votre famille et vos amis — c'est d'ailleurs la principale raison de toute rencontre entre Italiens !

On me demande souvent comment il se fait que j'anime une émission de cuisine à la télévision. Je pourrais dire que tout a commencé à Rome, la ville où je suis née, pour se poursuivre à Los Angeles, la ville où j'ai grandi… mais en fait, tout a commencé dans la cuisine. Dans ma famille, comme dans la plupart des familles italiennes, la nourriture joue un rôle très important. Les repas représentent plus que la nourriture que nous mangeons ; ils constituent aussi un moment privilégié de la journée où tout le monde est heureux de se retrouver et d'échanger. La prépa-ration des repas est une tâche communautaire à laquelle tous contribuent, même les enfants. Aussi loin que je puisse me rappeler, j'ai toujours eu autant de plaisir à préparer un repas qu'à m'asseoir et à le déguster.

Je poursuis la tradition familiale. Mes arrière-grands-parents possédaient une usine de fabrication de pâtes alimentaires à Naples. Dans les années 1930, mon grand-père, Dino De Laurentiis, aujourd'hui un des plus prolifiques producteurs d'Hollywood, faisait du porte à porte pour vendre des pâtes alimentaires dans sa ville natale de Naples alors qu'il était un petit garçon. Après avoir fait sa fortune dans l'industrie du film, Nonno (grand-papa) s'est fait plaisir en revenant à ses pre-mières amours, soit en ouvrant en Amérique deux restaurants italiens appelés DDL

Foodshow, un à New York et l'autre à Beverly Hills. (Ces restaurants sont fermés depuis le milieu des années 1980.) Il avait fait venir des chefs cuisiniers de Naples et, pour moi, ces derniers étaient comme des vedettes de rock. Durant mon adolescence, j'étais toujours dans le restaurant de Beverly Hills, humant les odeurs qui se dégageaient des aliments, observant les techniques des chefs, touchant à tout ce qui me tombait sous la main et en profitant pour goûter lorsque je le pouvais ! Puis, j'observais les clients : l'émerveillement qui se lisait sur leur visage lorsqu'on leur présentait des chefs-d'œuvre italiens… et leur grand sourire après avoir mangé. J'étais fascinée.

À la fin de mon secondaire, je savais déjà que mon avenir était dans une cuisine.

J'ai fait mon cours universitaire (simplement pour satisfaire mes grands-parents) et je me suis acheté un billet pour Paris. Six jours par semaine, je fréquentais l'Académie culinaire et, durant ma journée de relâche, je partais à la découverte des marchés français. J'étais au paradis !

Mon cours terminé, je suis revenue aux États-Unis pour travailler. Pendant des années, j'ai trimé dans les meilleurs restaurants de la Californie, du Ritz-Carlton au Spago, pour finalement en arriver à mettre sur pied ma propre entreprise de traiteurs, la GDL Foods. Je travaillais aussi en tant qu'aide-styliste alimentaire pour revues culinaires, c'est-à-dire que je me faisais photographier en préparant les plats et que je m'arrangeais pour que ces derniers aient l'air les plus appétissants possible).

Malgré ma formation culinaire en France et mes années à nourrir les gens riches et célèbres, les repas familiaux demeuraient toujours ma plus grande source d'inspiration. Un jour, le dirigeant d'une revue pour laquelle j'avais travaillé m'a demandé de lui présenter un article sur la façon de cuisiner à la maison. J'ai rassemblé toute la famille pour un de nos repas traditionnels, l'article a été publié et, peu de temps après, Food Network m'offrait un travail.

Tout au long de ma vie, j'ai eu la chance de nourrir ma grande passion de la cuisine, et voilà que j'ai maintenant le privilège de pouvoir la partager avec les auditeurs de mon émission de télévision. *Everyday Italian*, en faisant participer l'audience, est à l'image d'un repas italien où l'on invite tous les membres de la famille étendue. Dans le présent livre, vous trouverez les recettes que les téléspectateurs ont les plus aimées et d'autres qui n'ont jamais été présentées à l'émission. Les recettes que je vous suggère dans ce livre sont des plus faciles à faire ; alors, ayez confiance de bien les réussir. Un bon repas ne doit pas nécessairement être difficile ou complexe à préparer. Ainsi, tous les jours, vous prendrez plaisir à cuisiner et vos plats seront tellement délicieux que votre famille vous en demandera encore et encore.

Alors, inspirez-vous de ce livre, rassemblez votre famille et amusez-vous !

antipasti

de tous les jours

FRAIS DU GARDE-MANGER

Haricots blancs et salade de thon • Crostinis, tomates séchées au soleil et pois chiches • Trempette de haricots blancs et croustilles de pita

HORS-D'ŒUVRE AUX FRUITS DE MER DE TOUS LES JOURS

Palourdes oreganata • Calamaris frits

FRITTATA DE TOUS LES JOURS

Frittata aux pommes de terre et au prosciutto • Frittata aux asperges, à la tomate et au fromage fontina

TRICOLORE

Panino alla Margherita • Salade caprese

OLIVES ET HUILE D'OLIVE

Olives marinées • Tapenade aux olives, aux tomates séchées au soleil et feuilles d'endive • Huile parfumée au piment de Cayenne • Pinzimonio • Amandes rôties sucrées et épicées • Huile parfumée au romarin • Maïs soufflé à l'huile parfumée au romarin

PAIN ET SANDWICHS

Gressins au fromage et au romarin • Sandwich italien aux œufs • Sandwich au Nutella^{MD}

PROSCIUTTO

Gressins bardés de prosciutto • Asperges rôties enrobées de prosciutto • Baluchons de prosciutto • Panino di Prosciutto e Fontina

POIVRONS RÔTIS

Poivrons rouges rôtis • Salade aux poivrons rouges rôtis • Crostinis aux poivrons rouges

Frais
DU GARDE-MANGER

Une des clés pour réussir à improviser un délicieux repas italien — en fait, n'importe quel repas — à la toute dernière minute et sans stress, c'est d'avoir un garde-manger bien garni. Je vous suggère ici une liste d'ingrédients qui, à mon avis, sont indispensables pour vous dépanner en tout temps. Dans les pages qui suivent, vous découvrirez les recettes de quelques plats que vous pouvez apprêter *subito presto* lorsque vous n'avez plus le temps de vous rendre à l'épicerie. Voici ce que j'entends par l'expression « frais du garde-manger ».

- HUILE D'OLIVE EXTRAVIERGE

- AIL FRAIS

- PIMENT DE CAYENNE BROYÉ : Si ces épices sont dans votre garde-manger depuis plus de six mois ou que leur couleur a perdu de son rouge vif, jetez le contenant et remplacez-le. L'épice est éventée et a perdu son goût piquant.

- ASSORTIMENT DE PÂTES SÈCHES : J'aime avoir sous la main des pâtes longues, comme les spaghettis et les linguines ; des pâtes à forme tubulaire, comme les pennes et les rigatonis ; et d'autres à formes différentes, comme les coquilles, les orecchiettes (petites oreilles) et les farfalles (nœuds papillon).

- HARICOTS CANNELLINIS EN CONSERVE : Ce sont des haricots italiens, aussi appelés « petits haricots blancs de Toscane ».

- THON ITALIEN EN CONSERVE : Choisir la chair de thon conservée dans l'huile d'olive — elle a plus de saveur.

- SAUCE MARINARA : J'aime bien préparer cette sauce (page 59) et la conserver au congélateur mais, si vous le préférez, vous pouvez très bien vous en procurer une du commerce pour garnir votre garde-manger.

- HERBES D'ASSAISONNEMENT : À tout le moins, j'ai toujours de l'origan, du romarin, du thym et des herbes de Provence à ma disposition.

- VINAIGRES : Un bon vinaigre balsamique pour les salades et des vinaigres de vin rouge et de vin blanc.

- OIGNONS : Des oignons rouges, espagnols, et une variété d'oignons sucrés comme le Vidalia, ainsi que des échalotes.

- CÂPRES : Elles ajoutent un petit brin d'énergie aux salades, aux sauces, aux viandes ainsi qu'aux poissons. Elles sont disponibles en saumure ou salées ; je préfère les salées. Cependant, elles sont plus faciles à trouver en saumure ; assurez-vous alors de bien les rincer avant de les employer.

IN PURE OLIVE OIL
NET WT. 2.8 OZ. (80g)

FIRST Q

SOLID LIGHT TUNA

TUNA

FLOT

FIRST QUALITY

IN PURE OLIVE OIL
NET WT. 2.8 OZ. (80g)

SOLID LIGHT TUNA

TUNA

Fl

IN PURE OLIVE OIL
NET WT. 2.8 OZ. (80g)

FIRST

SOLID LIGH

TUN

Ingredients: tuna,
olive oil, sea salt.
PRODUCT OF ITALY
Imported by:
L'ISOLA D'ORO U.S.A. INC.
TRENTON, NJ 08619

1 1698 CE

IN PURE OLI

HARICOTS BLANCS
et salade de thon

Rassemblez les ingrédients suivants, que vous avez probablement déjà dans votre garde-manger, et voilà une salade tout à fait fantastique. Vous pourriez aussi ajouter d'autres ingrédients pour l'égayer, par exemple 120 ml (1/2 tasse) de câpres, 240 g (1 tasse) de tomates cerises et quelques feuilles fraîches de basilic. Pourquoi ne pas la servir sur 480 ml (2 tasses) de feuilles de roquette fraîches.

DONNE 4 PORTIONS EN PLAT PRINCIPAL

2 boîtes de 170 g (6 oz) de viande de thon foncée, conservée dans
   l'huile d'olive
2 ml (1/2 c. à thé) de sel de mer (ou au goût)
2 ml (1/2 c. à thé) de poivre noir fraîchement moulu (ou au goût)
2 boîtes de 425 g (15 oz) de haricots cannellinis, égouttés et rincés
1 oignon rouge moyen, finement tranché
90 ml (6 c. à table) de vinaigre de vin rouge

DANS UN GRAND BOL, mettre le thon avec son huile d'olive, 2 ml (1/2 c. à thé) de sel et la même quantité de poivre. À l'aide d'une fourchette, défaire le thon en petites bouchées. Incorporer les haricots et l'oignon. Remuer délicatement. Verser un filet de vinaigre de vin rouge. Goûter et rectifier l'assaisonnement. Déposer la salade dans les assiettes. Servir.

CROSTINIS,
tomates séchées au soleil
et pois chiches

Si, à l'instar de mon garde-manger, le vôtre est suffisamment grand pour vous permettre d'avoir une jardinière d'herbes, vous pourrez rendre cette recette encore meilleure en remplaçant les herbes d'assaisonnement par du basilic et du persil frais. Ajoutez 60 ml (1/4 de tasse) de chacune des herbes fraîches lorsque vous incorporez les tomates séchées au soleil et décorez les crostinis de jolies feuilles fraîches pour obtenir une présentation vivante et colorée.

Donne 24 portions en hors-d'œuvre

Crostinis

1 baguette, coupée en diagonale pour obtenir 24 tranches de 0,8 cm (1/3 po) d'épaisseur

30 ml (2 c. à table) d'huile d'olive extravierge

Trempette

1 grosse gousse d'ail

1 boîte de 440 g (15 1/2 oz) de pois chiches (*garbanzos*), égouttés et rincés

45 ml (3 c. à table) de jus de citron frais

2 ml (1/2 c. à thé) de sel

2 ml (1/2 c. à thé) de poivre noir fraîchement moulu

60 ml (1/4 tasse) d'huile d'olive extravierge

60 ml (1/4 tasse) de tomates séchées au soleil, conservées dans l'huile, égouttées et grossièrement hachées

30 ml (2 c. à table) de basilic séché

30 ml (2 c. à table) de persil italien séché

Zeste de citron pour la garniture

POUR FAIRE LES CROSTINIS Préchauffer le four à 190 °C (375 °F). Placer les tranches de pain sur une plaque à pâtisserie en une seule rangée, et les badigeonner légèrement d'huile. Les faire griller au four environ 8 minutes ou jusqu'à ce qu'elles deviennent dorées. (Vous pouvez griller le pain une journée à l'avance, le laisser refroidir et le conserver à la température ambiante dans un contenant fermé hermétiquement.)

POUR FAIRE LA TREMPETTE Broyer l'ail au robot culinaire. Ajouter les pois chiches, le jus de citron, 30 ml (2 c. à table) d'eau, le sel et le poivre. Procéder jusqu'à ce que le mélange soit presque lisse. Pendant que l'appareil fonctionne, ajouter graduellement l'huile. En raclant les bords du bol à l'occasion, poursuivre l'opération jusqu'à ce que le mélange soit homogène. Ajouter les tomates séchées au soleil, le basilic et le persil italien. Mélanger jusqu'à ce que les tomates et les herbes soient finement hachées. (La trempette peut être préparée une journée à l'avance. La couvrir avant de la réfrigérer.) Au moment de servir, verser 5 ml (1 c. à thé) de la trempette sur chaque crostini et garnir avec le zeste de citron ou des herbes fraîches.

TREMPETTE DE HARICOTS BLANCS ET CROUSTILLES DE PITA

Cette trempette est la version italienne du hummus et, selon moi, elle est plus douce et plus savoureuse que la purée de pois chiches du Moyen-Orient. Elle est un antipasto classique lorsque je reçois. Les croustilles de pita n'ont rien d'italien, mais elles sont parfaites en accompagnement de cette trempette.

DONNE 6 PORTIONS EN HORS-D'ŒUVRE

4 pains pita, fendus en deux horizontalement
30 ml (2 c. à table) plus 80 ml (1/3 tasse) d'huile d'olive
5 ml (1 c. à thé) d'origan séché
7 ml (1 1/2 c. à thé) de sel (ou au goût)
6 ml (1 1/4 c. à thé) de poivre noir fraîchement moulu (ou au goût)
1 boîte de 425 g (15 oz) de haricots cannellinis, égouttés et rincés
60 ml (1/4 tasse) de feuilles fraîches de persil italien (pas trop tassées)
30 ml (2 c. à table) de jus de citron frais (environ 1/2 citron)
1 gousse d'ail

PRÉCHAUFFER LE FOUR À 205 °C (400 °F). Couper chaque moitié de pain pita en 8 pointes. Les déposer à distance égale sur une grande plaque à pâtisserie. Badigeonner les pointes de pita avec 30 ml (2 c. à table) d'huile. Les saupoudrer d'origan, de 5 ml (1 c. à thé) de sel et de la même quantité de poivre. Cuire 8 minutes. Retourner les pointes et poursuivre la cuisson jusqu'à ce qu'elles soient croustillantes et dorées, soit environ 8 minutes de plus.

Entre-temps, dans le bol d'un robot culinaire, combiner les haricots, le persil, le jus de citron, l'ail, le reste du sel, soit 2 ml (1/2 c. a thé), et 1 ml (1/4 c. à thé) de poivre. Malaxer de façon intermittente jusqu'à ce que le mélange soit grossièrement haché. Pendant que l'appareil fonctionne, ajouter graduellement le reste de l'huile, soit 80 ml (1/3 tasse), jusqu'à l'obtention d'une consistance crémeuse. Goûter la purée et rectifier l'assaisonnement. Déposer la purée dans un petit bol. Servir les croustilles de pita chaudes ou à la température ambiante ; les disposer de part et d'autre de la purée. (Les pointes de pita et la purée de haricots peuvent être préparées une journée à l'avance. Ranger les pointes de pita dans un contenant hermétique à la température ambiante. Couvrir et réfrigérer la purée de haricots.)

HORS-D'ŒUVRE AUX FRUITS DE MER
de tous les jours

Les Italiens adorent s'attarder à table pendant des heures pour déguster un bon repas composé de plusieurs plats et d'un vin approprié qui accompagne chacun d'eux ; ils adorent prendre tout le temps nécessaire pour savourer chacun des plats et siroter les divers vins. Presque immanquablement, les fruits de mer sont servis en entrée. Les Italiens opteront probablement pour une salade de poulpe, de sardines grillées ou de poisson cru (*crudo*), tandis que les Italo-Américains choisiront plutôt un de ces deux mets classiques : les palourdes cuites au four et les calmars frits, des plats qui, malheureusement, ont trop souvent une consistance molle et qui sont saturés en gras. Les recettes qui vous sont présentées dans la présente section vous permettront d'obtenir de bons résultats, à savoir des aliments croustillants ayant bon goût à consommer avec de petites gorgées de vin blanc bien frais.

PALOURDES OREGANATA

Il s'agit d'un hors-d'œuvre facile à préparer mais tout de même impression-nant — tout à fait parfait pour une soirée romantique à deux. Bien que n'im-porte quelle sorte de palourdes puisse faire l'affaire dans cette recette, j'em-ploie les palourdes japonaises (Manilla) parce qu'elles ont des coquilles dures et que leur texture est moins sableuse — en outre, elles sont plus faciles à trouver dans les supermarchés. Vous pouvez cependant utiliser les palourdes du Pacifique, les palourdes Cherry-stone ou n'importe quelle autre sorte de taille moyenne ou grosse.

Donne 2 portions en hors-d'œuvre

120 ml (1/2 tasse) de chapelure
120 ml (1/2 tasse) d'huile d'olive extravierge, et un peu plus pour verser
   un filet d'huile
30 ml (2 c. à table) d'origan frais haché
15 ml (1 c. à table) de persil italien frais haché
15 ml (1 c. à table) de menthe fraîche hachée
2 ml (1/2 c. à thé) de sel kasher
1 ml (1/4 c. à thé) de poivre noir fraîchement moulu
Du gros sel (pour recouvrir l'intérieur de la plaque à pâtisserie)
12 petites palourdes japonaises (Manilla), lavées et écaillées
   (réserver les coquilles)

PRÉCHAUFFER LE GRIL. Dans un grand bol, combiner délicatement la chapelure, 120 ml (1/2 tasse) d'huile d'olive, toutes les herbes, le sel kasher et le poivre. Attention à ne pas trop travailler le mélange. Réserver.

Étendre le gros sel sur une épaisse plaque à pâtisserie et y disposer les 12 coquilles de palourde. Mettre une palourde dans chaque coquille. Saupoudrer chacune de 30 ml (2 c. à table) du mélange à la chapelure. Verser un filet d'huile sur chaque palourde. Faire griller 2 minutes ou jusqu'à ce que la chapelure devienne dorée et que les palourdes soient bien cuites.

CALAMARIS FRITS

Le terme calamari signifie « calmar opale » ou « en cornet » en italien. Les Italiens adorent le calmar et ils le préparent de plusieurs façons ; cependant, plusieurs le préfèrent en friture. Les calmars frits peuvent être dégustés tels quels ou servis dans une assiette de fruits de mer frits (Fritto Misto. Je vous présente la façon traditionnelle italienne de les préparer, et c'est d'ailleurs apprêtés ainsi que je les mange depuis mon enfance. Ici, tout est centré sur le calmar ; ça n'a rien à voir avec ce mélange gluant dont ils sont habituellement recouverts. Et le meilleur, c'est qu'ils sont des plus faciles à préparer.

DONNE 6 PORTIONS EN HORS-D'ŒUVRE

Huile végétale (pour la grande friture)
480 ml (2 tasses) de farine tout usage
30 ml (2 c. à table) de persil séché
450 g (1 lb) de calmars propres (avec les tentacules), les corps coupés
  en rondelles de 1,25 cm (1/2 po) d'épaisseur
2 citrons en quartiers
7 ml (1 1/2 c. à thé) de sel
240 ml (1 tasse) de « Sauce marinara » (page 59) réchauffée

DANS UNE GRANDE CASSEROLE en fonte, verser suffisamment d'huile pour obtenir une hauteur de 7,5 cm (3 po). À feu moyen, chauffer l'huile pour atteindre 175 °C (350 °F). Dans un grand bol, combiner la farine et le persil. En travaillant par lots, remuer les calmars dans le mélange de farine afin de les enrober. En y allant avec soin, les déposer dans l'huile et les faire frire 3 minutes par lot ou jusqu'à ce qu'ils soient croustillants et légèrement dorés. À l'aide d'une cuillère à égoutter, les disposer dans une assiette recouverte d'un papier essuie-tout pour absorber le surplus d'huile.

Déposer les calamaris frits et les quartiers de citron dans une assiette propre. Saupoudrer de sel. Servir avec de la sauce marinara.

Si vous n'avez pas de thermomètre pour vérifier la température de l'huile, il y a deux bonnes façons de le faire. La première consiste à laisser tomber un petit morceau de pain dans l'huile. S'il colle au fond du chaudron, l'huile est trop froide et s'il brûle immédiatement, elle est trop chaude. Par contre, si le pain grésille gentiment, l'huile est prête. La seconde façon consiste à placer le bout d'une cuillère de bois dans l'huile. Si plein de toutes petites bulles se forment autour...

FRITTATAS
de tous les jours

Une *frittata* est un plat fait à base d'œufs qui ressemble étrangement à une omelette, mais qui est encore plus simple à préparer : plutôt que de déposer le mélange d'œufs sur la garniture — l'erreur que commettent plusieurs cuisiniers à la maison —, vous n'avez qu'à battre tous les ingrédients ensemble, à les passer à la poêle et à terminer la cuisson en faisant griller le dessus de la préparation au four. La *frittata* doit être ferme, ce qui veut dire que les œufs doivent être bien cuits, et elle se mange chaude ou à la température ambiante — une autre caractéristique qui la rend plus polyvalente que l'omelette. Comme dans le cas des omelettes, vous pouvez y incorporer à peu près n'importe quoi : des herbes, des légumes, des viandes, des fromages, voire du poisson. Les frittatas sont un excellent moyen d'utiliser les restes. C'est d'ailleurs de cette façon que j'ai inventé mes recettes de frittata : une simple branche d'origan frais, quelques tranches de prosciutto ou un petit morceau de fromage fontina peuvent servir à faire une frittata. Plus souvent qu'autrement, les résultats sont délicieux. Voici deux de mes recettes préférées ; elles sont fantastiques en casse-croûte, en accompagnement d'une salade pour un lunch léger, ou encore comme garniture pour un sandwich des plus copieux.

FRITTATA AUX POMMES DE TERRE
et au prosciutto

Il est très européen d'utiliser des pommes de terre dans les omelettes, les tartes et les frittatas — voire sur les pizzas. L'idée consiste à employer de petits cubes ou, comme ici, de très fines tranches de pommes de terre. Vous n'avez sûrement pas l'intention de vous offrir une bouchée d'amidon et vous désirez sans doute que vos pommes de terre cuisent en un temps raisonnable.

DONNE 6 PORTIONS EN METS D'ACCOMPAGNEMENT

30 ml (2 c. à table) d'huile d'olive
1/2 oignon haché
425 g (15 oz) de pommes de terre, pelées et coupées en cubes
   de 1,25 cm (1/2 po)
1 gousse d'ail, finement hachée
1 ml (1/4 c. à thé) sel
1 ml (1/4 c. à thé) de poivre noir fraîchement moulu
6 gros œufs
60 ml (1/4 tasse) de crème à fouetter
60 ml (1/4 tasse) de fromage parmesan râpé
57 g (2 oz) de prosciutto tranché mince, puis grossièrement haché
30 ml (2. à table) de basilic frais, haché

DANS UNE POÊLE À FRIRE antiadhésive de 23 cm (9 1/2 po) de diamètre allant au four, faire chauffer l'huile à feu moyen. Y faire sauter l'oignon 4 minutes ou jusqu'à ce qu'il devienne transparent. Incorporer les cubes de pomme de terre, l'ail, le sel et le poivre. À feu moyennement doux, faire sauter le tout 15 minutes ou jusqu'à ce que les cubes de pomme de terre soit tendres et dorés.

Préchauffer le gril. Dans un bol de format moyen, bien fouetter les œufs, la crème, le parmesan, le prosciutto et le basilic. Incorporer le mélange d'œufs à celui de pommes de terre dans la poêle à frire. Couvrir et faire cuire 2 minutes à feu moyennement doux ou jusqu'à ce que la préparation soit presque prise mais que le dessus soit un peu baveux. Placer la poêle à frire sous le gril et poursuivre la cuisson 4 minutes ou jusqu'à ce que le dessus de la frittata soit doré. À l'aide d'une spatule en caoutchouc, dégager le pourtour de la frittata pour ensuite la faire glisser dans une assiette. Couper la frittata en pointes. Servir.

FRITTATA AUX ASPERGES,
à la tomate et au fromage fontina

Au printemps, profitez de la fraîcheur des asperges pour vous concocter de petites merveilles en peu de temps. Les asperges se préparent facilement, qu'elles soient cuites à la vapeur, bouillies, grillées, ou sautées comme dans le cas présent. Vous n'avez qu'à tenir un bout de la tige dans chaque main, puis à la courber délicatement jusqu'à ce que le turion casse d'un coup sec — ce qu'il fera exactement à l'endroit où la tige commence à être ligneuse. L'asperge a son propre sous-chef à sa disposition.

DONNE 6 PORTIONS EN METS D'ACCOMPAGNEMENT

6 gros œufs
30 ml (2 c. à table) de crème à fouetter
2 ml (1/2 c. à thé) de sel
1 ml (1/4 c. à thé) de poivre noir fraîchement moulu
15 ml (1 c. à table) d'huile d'olive
15 ml (1 c. à table) de beurre
340 g (12 oz) d'asperges, préparées et coupées en tronçons
 de 1,25 cm (1/2 po)
1 tomate, épépinée et coupée en morceaux
85 g (3 oz) de fromage fontina, coupé en dés

PRÉCHAUFFER LE GRIL. Dans un bol de format moyen, bien fouetter les œufs, la crème, le sel et le poivre. Réserver. Dans une poêle à frire antiadhésive de 23 cm (9 1/2 po) de diamètre allant au four, faire chauffer l'huile et le beurre à feu moyen. Y faire sauter les asperges 2 minutes ou jusqu'à ce qu'elles soient tendres mais croquantes. Ajouter la tomate et faire sauter 2 minutes de plus. Verser le mélange d'œufs sur celui d'asperges. Saupoudrer le fromage. Couvrir et faire cuire 2 minutes à feu moyennement doux ou jusqu'à ce que la préparation soit presque prise mais que le dessus soit un peu baveux. Placer la poêle à frire sous le gril et poursuivre la cuisson 4 minutes ou jusqu'à ce que le dessus de la frittata soit doré. Laisser reposer 2 minutes. À l'aide d'une spatule en caoutchouc, dégager le pourtour pour ensuite faire glisser la frittata dans une assiette. Couper la frittata en pointes. Servir.

TRICOLORE

Le mot « tricolore » fait ici référence au drapeau italien : rouge, blanc et vert. Dans le cas de la nourriture, nous parlerions de tomates, de fromage et de basilic. L'été est la saison où les légumes sont à leur meilleur, tant pour leur saveur que pour leur texture ; les tomates regorgent de jus, le basilic est disponible en boisseau, et la texture humide de la mozzarella ressemble à une fine brise d'air climatisé sur votre palais. ■ Essayez le plus possible de trouver de la mozzarella fraîche ou encore de la mozzarella importée faite de lait de bufflonne. Les produits préemballés n'offrent que de très pâles imitations de la saveur et de la texture du véritable fromage. Un bon fromage mozzarella devrait être humide et souple, et le lait devrait en suinter lorsque vous le coupez. Il ne vaut pas la peine de se servir d'un fromage pâteux, caoutchouteux ou sec.

PANINO ALLA MARGHERITA

Ce sandwich à la mozzarella et au basilic est ma version d'un BLT. Il est simple et rapide à préparer, et tellement savoureux ! L'expression « alla Margherita » a été inventée en 1889, lorsqu'un fonctionnaire du palais royal a demandé à un ressortissant de préparer des pizzas pour la reine Margherita. Cette dernière préférait la pizza composée de trois garnitures aux couleurs du drapeau italien : les tomates (rouge), le fromage (blanc) et le basilic (vert). Depuis ce temps, toute recette utilisant ces garnitures peut se prévaloir du nom « alla Margherita ».

DONNE 1 SANDWICH

1 tranche de fromage mozzarella frais de 1,25 cm
(1/2 po) d'épaisseur, soit environ 57 g (2 oz)
2 tranches de pain blanc rustique de 1,25 cm (1/2 po) d'épaisseur chacune
0,5 ml (1/8 c. à thé) de sel
Poivre noir fraîchement moulu (au goût)
6 feuilles de basilic frais de grosseur moyenne ou 3 grosses feuilles
2 tranches de tomate de 0,6 cm (1/4 po) d'épaisseur chacune
Environ 10 ml (2 c. à thé) d'huile d'olive

PLACER LE FROMAGE MOZZARELLA sur une tranche de pain et le saupoudrer de la moitié du sel et d'un peu de poivre. Couvrir de feuilles de basilic et de tranches de tomate. Saupoudrer de l'autre moitié du sel et d'un peu plus de poivre. Recouvrir de la seconde tranche de pain. Badigeonner d'huile chaque côté du sandwich.

À feu moyennement doux, préchauffer une plaque chauffante ou une poêle cannelée. À l'aide d'une spatule de métal, presser le sandwich et le faire griller 4 minutes par côté ou jusqu'à ce qu'il soit doré et que le fromage ait fondu. Déposer le sandwich dans une assiette. Servir.

SALADE CAPRESE

Tous les étés, nous prenons des vacances en famille et naviguons sur la Méditerranée durant quelques semaines et, inévitablement, nous visitons la merveilleuse île de Capri dont nous sommes tombés sous le charme et qui est située dans la baie de Napoli. Les insulaires raffolent du mélange tricolore classique (tomates, mozzarella et basilic) et lui ont donné leur propre appellation, « Caprese ». Si une salade inclut ces trois ingrédients, elle sera digne de ce nom.

DONNE 4 PORTIONS EN ENTRÉE

45 ml (3 c. à table) de jus de citron frais (environ 1/2 citron)

2 ml (1/2 c. à thé) de sel (ou au goût)

1 ml (1/4 c. à thé) de poivre noir fraîchement moulu (ou au goût)

45 ml (3 c. à table) d'huile d'olive extravierge

560 g (1 1/4 lb) de tomates assorties (tomates régulières, tomates en grappe mûres, tomates italiennes, tomates cerises et tomates jaunes)

170 g (6 oz) de fromage mozzarella frais, égoutté et tranché

30 ml (2 c. à table) de feuilles de basilic frais, tranchées

FOUETTER LE JUS DE CITRON, 2 ml (1/2 c. à thé) de sel et 1 ml (1/4 c. à thé) de poivre dans un bol de format moyen. Tout en continuant à fouetter, ajouter l'huile en un mince filet. Bien mélanger. Réserver.

Couper les tomates régulières en tranches de 0,6 cm (1/4 po) d'épaisseur et les tomates italiennes en quartiers. Découper les tomates cerises, les tomates en grappe et les tomates jaunes en moitiés. Disposer les tomates et le fromage sur un plat de service. Verser la vinaigrette en un mince filet. Saupoudrer de basilic, de sel et de poivre (au goût). Servir.

OLIVES ET HUILE D'OLIVE

Le goût frais et fruité des olives et de leurs huiles réveillera les papilles gustatives. Voici une façon simple de calmer les appétits des invités lorsque vous vous affairez à préparer le plat principal : mettez sur la table un bol d'olives mélangées. J'adore servir un assortiment d'olives qui ont mariné dans des herbes et des huiles, ce que vous pourrez faire vous-même à l'aide de la recette qui suit ; sinon, achetez des olives du commerce dans une épicerie fine ou au supermarché. Saviez-vous que vous pouvez aussi parfumer l'huile d'olive aux herbes ou aux épices, par exemple l'aromatiser au piment rouge, faire un *Pinzimonio* ou la parfumer au romarin (des recettes que vous trouverez dans cette section). Pour profiter pleinement de ces huiles, servez-les avec des morceaux d'un bon pain rustique à y être trempés allègrement. De plus, il y a tout l'univers des tapenades, et les milliers de façons de les préparer. Dans ce monde de recettes d'olives et de leurs huiles, vous pouvez presque saisir au vol toute la beauté de l'Italie et des arbres regorgeant d'olives qui décorent les paysages, ces mêmes olives qui iront ensuite égayer les tables de presque tous les foyers. Faites en sorte que votre table accueille ces arômes et que vos papilles dégustent l'Italie.

OLIVES MARINÉES

Voici une recette simple qui vous permettra de préparer un antipasto en un tournemain. Vous pouvez utiliser une seule sorte d'olives ou toute combinaison qui vous plaira. Les olives se présentent sous diverses formes et ont des goûts différents : il y a les vertes, les noires ou les brunes ; certaines ont un goût de sel ou de fraîcheur, d'autres sont plissées et ont une saveur âcre, d'autres encore sont lisses et moelleuses. J'aime bien un simple mélange de vertes et de noires. Cette recette peut se préparer une semaine à l'avance et être par la suite réfrigérée.

DONNE 720 ML (3 TASSES)

45 ml (3 c. à table) d'huile d'olive

15 ml (1 c. à table) de zeste de citron râpé (environ 2 citrons)

2 ml (1/2 c. à thé) de piment de Cayenne broyé

360 ml (1 1/2 tasse) d'olives vertes siciliennes (légèrement fendues pour permettre à la marinade de pénétrer la chair) ou d'autres olives vertes

360 ml (1 1/2 tasse) d'olives de Kalamata

45 ml (3 c. à table) de jus de citron frais (environ 1/2 citron)

30 ml (2. à table) de basilic frais haché

DANS UNE POÊLE À FRIRE DE FORMAT MOYEN à fond épais, incorporer l'huile, le zeste de citron et le piment de Cayenne broyé. À feu moyen, faire cuire 1 minute ou jusqu'à ce que le mélange soit parfumé. Retirer du feu et incorporer les olives. Ajouter le jus de citron et le basilic. Bien brasser pour enduire les olives du mélange d'huile. Transférer le tout dans un contenant. Couvrir et réfrigérer environ 12 heures pour permettre aux saveurs de se mêler ; brasser de temps à autre.

Tout en remuant à l'occasion, amener la préparation à la température ambiante. Déposer le mélange d'olives dans un petit bol. Servir.

TAPENADE AUX OLIVES, AUX TOMATES
séchées au soleil et feuilles d'endives

En fait, cette recette n'est qu'une question d'assemblage. Lorsque vous aurez des invités de dernière minute, ce plat saura vous dépanner. Vous pourriez également servir cette tapenade avec du pain ou des craquelins plutôt que la présenter entourée de laitues, ce qui en fera une version plus polyvalente sur le plan du service. Vous pouvez préparer la tapenade une journée à l'avance, ce qui vous laissera plus de temps à consacrer à vos invités et à votre famille.

DONNE 12 PORTIONS EN HORS-D'ŒUVRE

3 pots de 225 g (8 oz) d'olives de Kalamata dénoyautées ou
   d'olives noires en conserve
180 ml (3/4 tasse) de tomates séchées au soleil conservées dans
   l'huile d'olive
75 ml (5 c. à table) d'huile d'olive extravierge
3 têtes d'endives pour un total d'environ 112 g (1/2 lb)
6 feuilles de chicorée de Vérone (radicchio)

DANS LE BOL DU ROBOT CULINAIRE, mettre les olives, les tomates séchées au soleil et leur huile, l'huile d'olive extravierge et malaxer de façon intermittente jusqu'à l'obtention d'un mélange présentant de gros morceaux. À l'aide d'une cuillère, déposer la tapenade dans un bol de service. (La tapenade peut se préparer une journée à l'avance. La couvrir et la ranger.)

Retirer délicatement les feuilles des endives. Les passer à l'eau froide et les assécher complètement.

Placer le bol de tapenade au centre d'un grand plateau. Disposer les feuilles d'endive et de chicorée de manière décorative autour du bol et servir. (Le plateau de tapenade, d'endives et de feuilles de chicorée peut être assemblé 8 heures à l'avance. Dans ce cas, le couvrir d'une pellicule plastique et le réfrigérer.)

HUILE PARFUMÉE AU PIMENT DE CAYENNE

Ces dernières années, il est devenu très à la mode dans les restaurants de servir une petite soucoupe remplie d'huile d'olive, plutôt que du beurre, pour que les dîneurs y trempent des bouts de pain pendant qu'ils prennent l'apéritif en attendant les entrées. Cette recette, fort simple, peut également servir à réveiller les saveurs d'autres plats, par exemple, lorsqu'on l'ajoute à l'huile de cuisson et aux vinaigrettes, ou à relever le goût d'un poisson ou d'une viande grillée.

DONNE 120 ML (1/2 TASSE)

120 ml (1/2 tasse) d'huile d'olive
5 ml (1 c. à thé) de piment de Cayenne broyé

DANS UNE PETITE CASSEROLE en fonte, à feu doux, tout en brassant de temps à autre, faire chauffer l'huile et le piment de Cayenne broyé 5 minutes ou jusqu'à ce qu'un thermomètre trempé dans l'huile indique 80 °C (180 °F). Retirer du feu et laisser refroidir 2 heures à la température ambiante. Transvider la préparation dans une bouteille de 125 ml (4 oz) ou tout autre petit contenant. Bien sceller. Réfrigérer. Cette huile se conserve un mois au réfrigérateur.

Plateau d'antipasti *Lorsque je veux recevoir des amis et profiter de leur présence en m'asseyant avec eux, j'aime bien faire les choses simplement. Je prépare alors un plateau de hors-d'œuvre à l'italienne (antipasti). Je sors mes plateaux décoratifs de forme ovale et j'y dispose de délicieuses charcuteries, par exemple du salami, du prosciutto, de la mortadella et du bresaola. Ensuite, j'ajoute quelques tranches de mes fromages préférés, comme l'asiago, le provolone, le fontina, le bocconcini (de la mozzarella en petits morceaux), voire un fromage de chèvre aux herbes. Dans un autre plateau, je dépose des légumes frais, par exemple des carottes en julienne, des tronçons de céleri, des lanières de poivrons rouges, des tranches de fenouil et quelques tomates cerises, et de la sauce « Pinzimonio » (page 37). Dans de petits bols individuels, je dispose des « Olives marinées (page 33), des « Amandes rôties sucrées et épicées » (page 37) et une « Salade aux poivrons rouges rôtis » (page 52). Je termine avec quelques focaccias fraîchement cuites (vous pouvez très bien utiliser votre pain préféré) dans un panier. De cette façon, mes invités peuvent composer leur propre assiette d'antipasti.*

PINZIMONIO

Le mot pinzimonio signifie « mélange ». Dans ce cas, le mélange est relativement simple puisqu'il se compose uniquement d'huile d'olive, de sel et de poivre. On sert le pinzimonio comme trempette pour les légumes crus ou comme antipasto durant la saison estivale. Essayez cette rafraîchissante version italienne de la trempette ; ça vous changera des produits peu recommandables du commerce.

Donne 4 à 6 portions en hors-d'œuvre

120 ml (1/2 tasse) d'huile d'olive
10 ml (2 c. à thé) de sel
5 ml (1 c. à thé) de poivre noir fraîchement moulu
Un assortiment de légumes frais (carottes en julienne, tronçons de céleri,
 tranches de fenouil, radis, lanières de poivrons rouges et tomates cerises)

DANS UN PETIT BOL, incorporer l'huile, le sel et le poivre. Bien mélanger. (Le mélange d'huile peut être préparé 1 journée à l'avance. Le couvrir et le garder à la température ambiante.) Disposer les légumes sur un plateau et servir avec la trempette.

AMANDES RÔTIES
sucrées et épicées

C'est la collation parfaite — sucrée, épicée et croustillante, et tout à fait nourrissante. Les noix peuvent être préparées deux jours à l'avance et être conservées dans un contenant hermétique à la température ambiante.

Donne 480 ml (2 tasses)

30 ml (2 c. à table) d'huile parfumée
 au piment de Cayenne (page 36)
15 ml (1 c. à table) de sucre

5 ml (1 c. à thé) de sel kasher
480 ml (2 tasses) d'amandes entières
 mondées

PRÉCHAUFFER LE FOUR à 175 °C (350 °F).
 Dans un bol de format moyen, combiner l'huile, le sucre et le sel. Bien mélanger. Ajouter les amandes et remuer pour enduire le tout. Déposer la préparation d'amandes sur une grande plaque à pâtisserie épaisse ; espacer les amandes d'une même distance. Tout en remuant de temps à autre, faire cuire les amandes 15 minutes ou jusqu'à ce qu'elles soient dorées. Servir chaud ou à la température ambiante.

HUILE PARFUMÉE AU ROMARIN

Voilà un produit que j'ai toujours sous la main dans ma cuisine : il s'agit d'un aromatisant extraordinaire que je peux utiliser à la toute dernière minute. Je m'en sers même pour faire éclater le maïs soufflé (recette suivante). Cette huile peut aussi être employée comme trempette pour le pain ou les légumes, ou encore servir de base à une vinaigrette.

DONNE 120 ML (1/2 TASSE)

120 ml (1/2 tasse) d'huile d'olive
3 brindilles de romarin frais de 12,5 cm (5 po) de long

Dans une casserole en fonte, combiner l'huile et le romarin. À feu doux, faire chauffer 5 minutes ou jusqu'à ce qu'un thermomètre trempé dans l'huile indique 80 C (180 F). Retirer du feu et laisser refroidir 2 heures à la température ambiante. Mettre les brindilles de romarin dans une bouteille de 125 ml (4 oz) ou dans tout autre petit contenant. Ajouter l'huile. Sceller. Réfrigérer. Cette huile se conserve un mois au réfrigérateur.

MAÏS SOUFFLÉ
à l'huile parfumée au romarin

Si vous êtes las du maïs au beurre, essayez cette nouvelle saveur. L'huile au romarin donne de l'élégance et un petit air sophistiqué à cette version de maïs soufflé ; je l'adore avec beaucoup de sel.

DONNE 2 L (8 TASSES)

120 ml (1/2 tasse) de grains de maïs à éclater
60 ml (4 c. à table) d'« Huile parfumée au romarin » (recette précédente)
Sel

Dans une marmite en fonte, combiner les grains de maïs à éclater et 45 ml (3 c. à table) d'huile parfumée au romarin. Couvrir et, à feu modérément élevé, faire chauffer 3 minutes ou jusqu'à ce que le maïs commence à éclater ; brasser à mi-cuisson. Transférer immédiatement le maïs soufflé dans un grand bol. Mélanger le maïs soufflé aux derniers 15 ml (1 c. à table) d'huile. Saupoudrer de sel (au goût). Servir.

PAIN ET SANDWICHS

En Italie, les sandwichs portent le nom de « panini » ; cependant, ils n'y sont pas aussi populaires qu'aux États-Unis. Les Italiens et les Américains n'ont simplement pas la même approche culturelle en ce qui concerne la restauration sur le pouce. Aux États-Unis, les sandwichs doivent se préparer vitement, se consumer rapidement et se transporter facilement. Cette façon de concevoir les choses est devenue une véritable obsession nationale. Il n'en demeure pas moins que les Italiens ont aussi leurs spécialités en ce concerne les sandwichs. Alors, je vous présente quelques-unes des variétés les plus originales.

GRESSINS au fromage et au romarin

Je sais ! Je sais ! Je vous entends déjà dire : « De la pâte réfrigérée du commerce ? Quelle horreur ! » Sachez toutefois qu'il s'agit d'un mets d'accompagnement tout à fait merveilleux et, lorsque vous préparez vous-même les autres plats composant le repas, cette recette s'avère des plus utiles. Cela étant dit, vous pouvez utiliser n'importe quelles sortes de fromage et d'herbes, mais voici ma combinaison préférée : le parmesan et le gruyère font de délicieux gressins, et le romarin leur donne un petit brin de couleur et de fraîcheur. Ne parlez à personne de la pâte réfrigérée, et les gens ne s'en rendront jamais compte.

DONNE 2 DOUZAINES

80 ml (1/3 tasse) de fromage gruyère ou de tout autre fromage suisse

60 ml (1/4 tasse) de fromage parmesan

5 ml (1 c. à thé) de romarin frais haché

1 contenant de 335 g (11 oz) de pâte réfrigérée pour gressins (Pillsbury^{MD}, par exemple)

15 ml (1 c. à table) d'huile d'olive

5 ml (1. c. à thé) de sel de mer

PRÉCHAUFFER LE FOUR À 175 °C (350 °F). Chemiser deux grandes plaques à pâtisserie épaisses de papier-parchemin.

Râper des morceaux de gruyère et de parmesan. Ajouter le romarin et mélanger le tout. Réserver.

Séparer la pâte réfrigérée en rectangles. À l'aide d'un couteau bien aiguisé, diviser chaque rectangle dans le sens de la longueur pour obtenir 2 minces languettes. Badigeonner légèrement les languettes d'huile. Couvrir les languettes, une à la fois, du mélange de fromages. Entre les paumes des mains et le plan de travail, rouler chaque languette jusqu'à ce qu'elle ait une longueur de 20 cm (8 po). Déposer les languettes de pâte sur les plaques à pâtisserie toutes chaudes et saupoudrer de sel. (Jusqu'à ce stade de la recette, les gressins peuvent être préparés 4 heures à l'avance. Couvrir soigneusement avec une pellicule plastique et réfrigérer. Retirer la pellicule avant la cuisson.)

Le moment venu, faire cuire les bâtonnets 15 minutes ou jusqu'à ce qu'ils soient dorés. Déposer les gressins chauds dans un panier. Servir.

SANDWICH ITALIEN AUX ŒUFS

Depuis des générations, ce sandwich fait partie de la tradition familiale au petit-déjeuner. Mon grand-père le préparait avec ma mère, et cette dernière le faisait avec nous. Maintenant, je le partage avec vous.

15 ml (3 c. à thé) d'huile d'olive

1 gros œuf

0,5 ml (1/8 c. à thé) de sel

Une pincée de poivre noir fraîchement moulu

1 tranche de pain blanc rustique de 1,25 cm (1/2 po) d'épaisseur

1 gousse d'ail

15 ml (1 c. à table) de parmesan râpé

60 ml (1/4 tasse) de « Sauce marinara » (page 59) chaude avec de gros morceaux d'ingrédients, égouttée de l'excédent de liquide

DANS UNE PETITE poêle à frire à fond épais, à feu moyen, faire chauffer 10 ml (2 c. à thé) d'huile. Casser l'œuf dans la poêle. Saupoudrer de sel et de poivre. Couvrir et faire cuire 4 minutes ou jusqu'à ce que le blanc soit ferme, et le jaune presque pris.

Entre-temps, faire griller le pain jusqu'à ce qu'il soit bien doré. Badigeonner les derniers 5 ml (1 c. à thé) d'huile sur la rôtie. Frotter la gousse d'ail sur la rôtie et saupoudrer de fromage parmesan. Déposer une cuillérée de la sauce marinara égouttée sur le fromage parmesan et recouvrir de l'œuf cuit. Servir immédiatement.

SANDWICH AU NUTELLA

Ma mère avait l'habitude de me faire ce sandwich pour le lunch, et tous les enfants à l'école voulaient échanger le leur contre le mien. C'était de loin la collation que je préférais, un vrai bonheur pour mon cœur d'enfant. Le Nutella™ est une tartinade de noisettes et de chocolat très populaire en Italie, et ce produit est de plus en plus connu chez nous. Essayez-le et vous comprendrez pourquoi.

2 tranches de pain ciabatta de 1,25 cm (1/2 po) d'épaisseur

60 ml (1/4 tasse) de tartinade de noisettes et de chocolat (Nutella™, par exemple)

À FEU MOYENNEMENT ÉLEVÉ, faire chauffer une plaque de cuisson ou une poêle cannelée pour grillade. Y faire rôtir le pain 2 minutes par côté ou jusqu'à ce qu'il soit bien doré. Étendre la tartinade de noisettes et de chocolat sur une des tranches. Recouvrir de la seconde rôtie. Servir.

PROSCIUTTO

Il y a à peine dix ans, tout ce que vous pouviez vous attendre de trouver à un comptoir de charcuterie, c'était du jambon fumé de Virginie. La consistance de viande mouillée de ce jambon n'avait absolument rien à voir avec la texture douce et soyeuse des meilleures viandes salées, séchées et fumées que l'on trouve de nos jours dans les supermarchés. Le changement est survenu grâce à « l'invasion du prosciutto » et à l'arrivée de superbes variétés de viandes salées en provenance de l'Espagne et de la France, sans oublier de mentionner les gigantesques progrès sur le plan de la production domestique des jambons. Il va sans dire que le prosciutto importé demeure toujours mon préféré. Il est réellement fantastique pour commencer un repas ; le seul fait d'y mordre vous procure un plaisir irrésistible. (Faites bien attention à ne pas *tout* le manger, lorsque vous êtes au comptoir de cuisine à feuilleter les recettes qui en demandent.) Dans les pages suivantes, je vous présente quelques-unes de mes façons préférées de préparer le prosciutto pour qu'il soit à son meilleur au moment du souper : saveur maximale et effort minimal.

GRESSINS BARDÉS
de prosciutto

J'emploie très peu de produits du commerce. Cependant, la pâte réfrigérée que j'utilise dans cette recette, lorsqu'elle est bardée de prosciutto ou roulée dans le fromage, donne un succulent antipasto qui, de plus, est très facile à faire. Lorsque vous avez à préparer plusieurs plats maison pour un imposant repas, avouez que quelques raccourcis sont toujours les bienvenus. Donc, plutôt que de faire patienter les invités pendant que vous tentez de faire cuire votre propre pâte, utilisez de la pâte du commerce et donnez-leur quelque chose à se mettre sous la dent sans qu'ils n'aient à attendre.

DONNE 2 DOUZAINES

1 contenant de 335 g (11 oz) de pâte réfrigérée pour gressins
   (Pillsbury^{MD}, par exemple)
60 ml (1/4 tasse) de fromage parmesan
24 fines tranches de prosciutto (environ 450 g ou 1 lb)

PRÉCHAUFFER LE FOUR à 175 °C (350 °F). Chemiser deux grandes plaques à pâtisserie en fonte de papier-parchemin. Séparer la pâte réfrigérée en rectangles en suivant les lignes pointillées. À l'aide d'un couteau bien aiguisé, diviser chaque rectangle dans le sens de la longueur pour obtenir 2 minces languettes. Badigeonner légèrement les languettes d'huile. Couvrir les languettes de fromage, une à la fois. Entre les paumes des mains et le plan de travail, rouler chaque languette jusqu'à ce qu'elle ait une longueur de 35 cm (14 po). Déposer les languettes de pâte sur les plaques à pâtisserie toutes chaudes.

Faire cuire les bâtonnets 20 minutes ou jusqu'à ce qu'ils soient dorés et croustillants. Les laisser refroidir complètement sur la plaque à pâtisserie. (Jusqu'à ce stade de la recette, les gressins peuvent être préparés 8 heures à l'avance. Les conserver dans un contenant hermétique à la température ambiante.)

Enrouler une tranche de prosciutto autour de chacun des gressins refroidis et disposer dans un plateau. Servir.

ASPERGES RÔTIES
enrobées de prosciutto

Cette recette est un reliquat des années où j'exerçais le métier de traiteur, et de ma quête incessante pour trouver des idées originales de présentation pour certains produits lors des réceptions où j'œuvrais. Le rôtissage des asperges est une opération facile et rapide à réaliser ; de plus, il donne aux asperges davantage de saveur qu'une cuisson à la vapeur.

Donne 6 portions en hors-d'œuvre

12 tiges d'asperges donnant environ 450 g (1 lb), taillées
15 ml (1 c. à table) d'huile d'olive
5 ml (1 c. à thé) de sel
5 ml (1 c. à thé) de poivre noir fraîchement moulu
6 minces tranches de prosciutto, coupées en moitiés dans
   le sens de la longueur

PRÉCHAUFFER LE FOUR à 230 °C (450 °F). Peler la moitié inférieure de chaque asperge. Déposer les asperges sur une plaque à pâtisserie épaisse. Les recouvrir d'huile, de sel et de poivre noir fraîchement moulu. Mettre au four et cuire 15 minutes ou jusqu'à ce que les asperges soient tendres. Laisser refroidir complètement.

Envelopper chaque asperge d'un morceau de prosciutto, en laissant les têtes des tiges bien en vue. Disposer sur un plateau et servir à la température ambiante.

lorsque vous achetez des asperges, recherchez celles qui sont fraîches et qui présentent une tige ferme. Les composants de la partie supérieure des pointes doivent être serrés, bien refermés, contrairement à l'apparence, où à une fleur dont les bourgeons sont déjà éclos. Voilà les caractéristiques essentielles des asperges fraîches. Pour les tailler, vous n'avez qu'à casser les bouts secs et fibreux.

BALUCHONS DE PROSCIUTTO

Voici une façon originale de servir le classique prosciutto et melon, l'un des célèbres mets que les Italiens adorent pour commencer un repas. Vous pouvez percer les baluchons de prosciutto à l'aide de cure-dents afin qu'ils soient plus faciles à manger. Pour vous faciliter la tâche, pensez à mettre le bloc de parmesan au congélateur pour quelques minutes, ce qui empêchera le fromage de se désagréger au moment d'en faire de fines tranches.

DONNE 36 BALUCHONS

2 cantaloups de grosseur moyenne donnant environ 1,4 kg (3 lb) chacun,
   coupés en moitiés, dans le sens de la largeur
2 melons miel Honeydew de grosseur moyenne donnant environ
   1,8 kg (4 lb) chacun, coupés en moitiés, dans le sens de la largeur
36 minces tranches de prosciutto donnant environ 675 g (1 1/2 lb)
1 gros bloc de fromage parmesan donnant environ 450 g (1 lb)

GRATTER DOUCEMENT LES GRAINES et les membranes des cantaloups et des melons miel Honeydew. À l'aide d'une cuillère à melon, former des balles dans la chair des melons et les déposer dans un grand bol. Jeter l'écorce.

Tailler les tranches de prosciutto en carrés de 6,25 cm (2 1/2 po). Couvrir lâchement le prosciutto de pellicule plastique pour l'empêcher de sécher pendant la préparation des baluchons. Placer une balle de melon au centre d'une tranche de prosciutto. Replier tous les côtés du prosciutto sur la balle pour en faire un petit paquet. Déposer le baluchon formé, ligne de jonction en dessous, sur une plaque à pâtisserie. Couvrir d'une pellicule plastique. Répéter l'opération pour le reste des carrés de prosciutto et des balles de melon. (Jusqu'à ce stade, les balles de melon peuvent être préparées 1 journée à l'avance. Les couvrir d'une pellicule plastique et les réfrigérer.)

À l'aide d'un couteau économe, en appuyant fermement, faire de longues tranches à partir du morceau de parmesan (le fromage se désagrégera si la pression sur le couteau est trop faible). Dans un grand plateau, disposer les tranches de parmesan de façon décorative. Mettre un baluchon de prosciutto sur chaque tranche de parmesan. Servir.

PANINO DI PROSCIUTTO E FONTINA

Voici une combinaison gagnante ; le goût salé du prosciutto et celui du crémeux fromage fontina fondu, deux ingrédients qui me font saliver. Il est impressionnant de voir à quel point faire griller un sandwich permet à toutes les saveurs des ingrédients de bien se mêler, de telle sorte que le sandwich de tous les jours devient un aliment des plus réconfortants.

DONNE 1 SANDWICH

2 tranches de fromage fontina pour une quantité totale de 85 g (3 oz)
2 tranches de pain blanc rustique de 1,25 cm (1/2 po) d'épaisseur
1 oignon rouge, émincé (facultatif)
1 mince tranche de prosciutto
6 feuilles de pousses d'épinard fraîches
Une pincée de poivre noir fraîchement moulu
Environ 10 ml (2 c. à thé) d'huile d'olive

PLACER 1 TRANCHE de fromage fontina sur une tranche de pain. Y ajouter dans cet ordre l'oignon, le prosciutto et les pousses d'épinard. Saupoudrer de poivre noir fraîchement moulu. Recouvrir avec la seconde tranche de fontina, et l'autre tranche de pain. Badigeonner d'huile chaque côté du sandwich.

À feu moyennement doux, préchauffer une plaque de cuisson ou une poêle cannelée pour grillade. Faire griller le sandwich 4 minutes par côté, en le pressant à l'aide d'une spatule de métal, ou jusqu'à ce qu'il soit doré et que le fromage ait fondu. Déposer le sandwich dans une assiette. Servir.

Les poivrons rôtis font partie des aliments qu'il faut toujours avoir au réfrigérateur afin de pouvoir préparer en un tournemain un repas de dernière minute ou une collation. Les poivrons sont étonnamment faciles à préparer, que ce soit au four, sur la grille, voire sur un brûleur au gaz. Ils peuvent enjoliver une simple salade verte, servir de condiment sur un sandwich ou ajouter de la texture, du goût et de la couleur à une sauce pour pâtes alimentaires. Ils peuvent aussi être servis comme antipasto avec du pain ou des craquelins, ou encore hachés dans différentes sauces.

POIVRONS ROUGES RÔTIS

Les recettes classiques pour les poivrons rôtis utilisent uniquement des poivrons rouges, mais vous pouvez employer un assortiment de couleurs — rouge, orange et jaune. Surveillez les poivrons jaunes lorsqu'ils cuisent sous le gril. Leur chair étant délicate, ils carbonisent rapidement ; ils perdent alors leur superbe couleur jaune.

10 poivrons rouges, orange et /ou jaunes
480 ml (2 tasses) d'huile d'olive
3 gousses d'ail, en moitiés
5 ml (1 c. à thé) de sel
5 ml (1 c. à thé) de poivre noir fraîchement moulu

PRÉCHAUFFER LE GRIL. Couvrir de papier d'aluminium une plaque à pâtisserie en fonte. Y placer les poivrons et les faire griller 20 minutes ou jusqu'à ce que leur peau deviennent brune et fissurée ; les tourner de temps à autre durant la cuisson. Déposer les poivrons dans un sac de conservation à fermoir. Les mettre de côté jusqu'à ce qu'ils aient atteint la température ambiante.

Peler et épépiner les poivrons. Les couper en lanières. Les déposer dans un grand bol et les remuer avec l'huile, l'ail, le sel et le poivre. Couvrir et réfrigérer au moins 5 heures, voire 1 journée, pour que les saveurs se mêlent. Amener à la température ambiante. Servir.

SALADE AUX POIVRONS ROUGES RÔTIS

De nos jours, les poivrons rôtis se retrouvent de plus en pots dans le commerce mais, quand j'ai le goût d'en faire une salade, je prends le temps de procéder moi-même au rôtissage. À mon avis, rien n'égale le goût ainsi obtenu. Cette recette, un antipasto classique italien de la région du Piedmont, est maintenant très populaire dans toute l'Italie.

DONNE 6 PORTIONS EN METS D'ACCOMPAGNEMENT

2 poivrons rouges

1 poivron jaune

1 poivron orange

80 ml (1/3 tasse) d'olives de Kalamata dénoyautées, coupées en quartiers

60 ml (1/4 tasse) d'huile d'olive

30 ml (2 c. à table) de câpres égouttées

6 feuilles de basilic frais, déchiquetées

4 gousses d'ail, broyées

2 ml (1/2 c. à thé) de sel (ou au goût)

2 ml (1/2 c. à thé) de poivre noir fraîchement moulu (ou au goût)

PRÉCHAUFFER LE GRIL. Couvrir de papier d'aluminium une plaque à pâtisserie en fonte. Y placer les poivrons et les faire griller 20 minutes ou jusqu'à ce que leur peau deviennent brune et fissurée ; les tourner de temps à autre durant la cuisson. Déposer les poivrons dans un sac de conservation à fermoir ; les mettre de côté jusqu'à ce qu'ils aient atteint la température ambiante.

Peler et épépiner les poivrons. Les couper en lanières de 1,25 cm (1/2 po) d'épaisseur. Les déposer dans un bol de format moyen. Les remuer avec les olives, l'huile, les câpres, le basilic, l'ail, 2 ml (1/2 c. à thé) de sel et la même quantité de poivre. Goûter et rectifier l'assaisonnement. (Cette salade peut être préparée 2 jours à l'avance. La couvrir et la réfrigérer. L'amener à température ambiante au moment de servir.)

CROSTINIS AUX POIVRONS ROUGES

Voici une façon extraordinaire d'utiliser les restes de poivrons rouges rôtis. Lorsque nous étions enfants, mes deux frères, ma sœur et moi, nos parents nous servaient souvent ce mets comme collation l'après-midi. C'était une façon de calmer nos appétits juvéniles et de nous faire patienter jusqu'au souper.

DONNE 8 CROSTINIS

8 tranches de pain baguette de 1,25 cm (1/2 po) d'épaisseur
15 ml (1 c. à table) d'huile d'olive
80 ml (1/3 tasse) de lanières de poivrons rouges rôtis (voir page 51)
80 ml (1/3 tasse) de fromage mozzarella fumé ou de fromage fontina

PRÉCHAUFFER LE FOUR 190 °C (375 °F). Disposer les tranches de pain sur une plaque à pâtisserie. Badigeonner le pain d'huile et le faire cuire 15 minutes ou jusqu'à ce qu'il soit légèrement doré et croustillant. (Jusqu'à ce stade de la recette, les crostinis peuvent être préparés 1 journée à l'avance. Les laisser refroidir et les conserver dans un contenant hermétique à la température ambiante. Les remettre sur une plaque à pâtisserie avant de poursuivre.)

Préchauffer le gril. Étendre les lanières de poivrons rouges sur les crostinis. Saupoudrer de fromage. Faire griller 2 minutes ou jusqu'à ce que le fromage ait fondu. Déposer dans un plat et servir immédiatement.

sauces

de tous les jours

SAUCES TOMATE DE TOUS LES JOURS

Sauce marinara • Sauce tomate aux olives •
Sauce checca • Sauce tomate épicée • Salsa
all'Amatriciana • Bolognaise simple • Sauce à
la vodka • Sauce tomate aux boulettes de dinde •
Thon et sauce tomate

PESTOS DE TOUS LES JOURS

Pesto au basilic • Pesto aux tomates séchées
au soleil • Pesto aux épinards et aux pignons • Pesto
de champignons • Crostinis au pesto de
champignons • Pesto Arugula

SAUCES CLASSIQUES DE TOUS LES JOURS

Sauce béchamel • Ragoût de champignons •
Sauce au beurre brun

SAUCES TOMATE
de tous les jours

Saviez-vous que ce n'est qu'assez récemment que les tomates sont arrivées en Italie ? Originaire du Pérou, ce sont les conquérants espagnols qui, aux environs du XVIe siècle, lui firent traverser l'Atlantique. Et voilà que, de nos jours, les sauces à base de tomates sont devenues les représentantes de ce que les Américains croient être la cuisine italienne : une « sauce rouge ». Il faut cependant savoir que la sauce rouge dont il est ici question est beaucoup plus qu'une sauce graisseuse, davantage que cette garniture pleine d'ail qu'on retrouve sur une croûte de pizza ! La marinara, par exemple, se veut une sauce classique simple et fraîche qui évoque avec modération les saveurs des oignons sucrés, des carottes, du céleri ainsi que les arômes de l'ail et de l'huile d'olive, et non d'une manière exagérée comme c'était le cas il n'y a pas si longtemps. Souvenez-vous de ceci : votre sauce tomate sera aussi bonne que les tomates que vous aurez utilisées pour la faire. Bien que les tomates fraîches soient idéales, la saison de leur récolte est courte et ce n'est pas une mince tâche de les faire bouillir, de les peler et de les épépiner ; ce n'est pas du tout ce que je considère être la cuisine de tous les jours. C'est pourquoi j'utilise les meilleures tomates en conserve du commerce, de préférence la variété San Marzano. J'ai toujours deux sortes de tomates dans mon garde-manger : broyées et entières. Vous devriez faire comme moi et vous procurer quelques conserves.

Allez hop ! Rehaussez le goût de votre sauce marinara

SAUCE MARINARA

Voici la sauce tomate de base que j'utilise le plus fréquemment. Bien sûr, elle prend un peu de temps à faire mais elle en vaut vraiment la peine en raison de sa polyvalence. De plus, pendant l'heure durant laquelle elle mijote, j'en profite pour faire autre chose à l'extérieur de la cuisine. Maintenant, je double les ingrédients de la recette ; je fais congeler une bonne partie de la sauce et l'autre me sert pour préparer divers mets durant la semaine. Lorsque vous désirez congeler une partie de la sauce, vous devez d'abord la faire refroidir complètement, puis la verser dans des sacs à congélation par portions de deux tasses. Ainsi, cette sauce se conservera sans aucun problème jusqu'à trois mois au congélateur. La sauce marinara se sert avec n'importe quelle forme de pâtes alimentaires. Cependant, lorsque vous avez quelque chose de simple en tête, pourquoi ne pas vous en tenir au classique spaghetti.

DONNE ENVIRON 2 L (8 TASSES) :
1 LITRE DONNE 4 PORTIONS À SERVIR SUR LES PÂTES EN ENTRÉE

120 ml (1/2 tasse) d'huile d'olive extravierge
2 petits oignons, finement hachés
2 gousses d'ail, émincées
2 branches de céleri, finement hachées
2 carottes, pelées et finement hachées
2 ml (1/2 c. à thé) de sel (ou au goût)
2 ml (1/2 c. à thé) de poivre noir fraîchement moulu (ou au goût)
2 boîtes de 1 kg (36 oz) de tomates en conserve broyées
2 feuilles de laurier séchées

DANS UNE GRANDE MARMITE, faire chauffer l'huile à feu moyennement élevé. Ajouter les oignons et l'ail. Faire sauter le tout 10 minutes ou jusqu'à ce que les oignons soient translucides. Ajouter le céleri, les carottes, 2 ml (1/2 c. à thé) de sel et la même quantité de poivre. Faire sauter de nouveau 10 minutes ou jusqu'à ce que les légumes soient tendres. Incorporer les tomates et les feuilles de laurier. Laisser mijoter à feu doux 1 heure ou jusqu'à ce que la sauce ait épaissi. Retirer du feu. Jeter les feuilles de laurier. Goûter et rectifier l'assaisonnement. (La sauce peut être faite 1 journée à l'avance. La refroidir complètement et la couvrir avant de la réfrigérer. Au moment de l'utiliser, la réchauffer à feu moyen.)

en essayant ma recette de **sauce tomate aux olives.**

SAUCE TOMATE AUX OLIVES

C'est une idée géniale que d'ajouter un petit quelque chose à la recette de sauce marinara de base.

Donne environ 1 L (4 tasses) :
4 portions à servir sur 450 g (16 oz) de pâtes en plat principal

60 ml (1/4 tasse) d'huile d'olive
700 ml (1 1/4 tasse) d'un mélange d'olives dénoyautées et coupées
   en moitiés
7 ml (1 1/2 c. à thé) de piment de Cayenne broyé (ou au goût)
1 L (4 tasses) de « Sauce marinara » (page 59)
120 ml (1/2 tasse) de basilic frais, finement tranché

DANS UNE GRANDE SAUTEUSE, faire chauffer l'huile à feu moyennement élevé. Lorsque l'huile est prête, ajouter les olives et 7 ml (1 1/2 c. à thé) de piment de Cayenne broyé. Faire sauter le tout durant 3 minutes. Réduire l'intensité du feu à doux et verser délicatement la sauce marinara sur les olives. Laisser mijoter 10 minutes ou jusqu'à ce que les saveurs soient bien mêlées. Incorporer le basilic. Goûter et, au besoin, rectifier l'assaisonnement en piment fort. (La sauce peut être faite 1 journée à l'avance. La refroidir complètement et la couvrir avant de la réfrigérer. Au moment de l'utiliser, la réchauffer à feu moyen.)

Si les tomates n'ont pas atteint leur pleine maturité, il ne

SAUCE CHECCA

Les tomates cerises sont à la base de cette sauce fraîche et non cuite prépa-rée par ma famille. S'il vous est impossible ou difficile de vous en procurer, vous pouvez employer n'importe quelle variété de tomates sucrées. Cependant, il ne vaut pas la peine de faire cette recette si les tomates utili-sées n'ont pas atteint leur pleine maturité. Cette sauce est faite à travers toute l'Italie pendant l'été, au moment où les tomates sont en saison. Curieusement, ce n'est qu'à Rome qu'elle porte le non de « alla Checca ». J'aime bien la servir avec une pâte longue et fine, par exemple le spaghet-tini ou le cheveu d'ange ; les saveurs de cette sauce accompagnent à mer-veille les pâtes aux formes délicates.

DONNE ENVIRON 720 ML (3 TASSES) :
4 PORTIONS À SERVIR SUR 450 G (16 OZ) DE PÂTES EN PLAT PRINCIPAL

1 sac de 340 g (12 oz) de tomates cerises, coupées en moitiés
3 poireaux (les parties blanche et vert pâle seulement)
   grossièrement hachés
3 gousses d'ail
1 morceau de fromage parmesan de 28 g (1 oz) grossièrement haché
8 feuilles de basilic frais
45 ml (3 c. à table) d'huile d'olive
112 g (4 oz) de fromage mozzarella frais, coupé en cubes de
   1,25 cm (1/2 po)
2 ml (1/2 c. à thé) de sel (ou au goût)
2 ml (1/2 c. à thé) de poivre noir fraîchement moulu (ou au goût)

DANS LE BOL du robot culinaire, malaxer les tomates cerises, les poireaux, l'ail, le parmesan, le basilic et l'huile jusqu'à ce que les tomates soient grossièrement hachées (pas en purée). Transvider la sauce dans un grand bol. Incorporer la mozzarella. Ajouter 2 ml (1/2 c. à thé) de sel et la même quantité de poivre. Goûter et rectifier l'assaisonnement. Mélanger immédiatement la sauce avec des pâtes fraîchement cuites.

vaut pas la peine de faire la recette de **sauce checca.**

SAUCE TOMATE ÉPICÉE

*Cette sauce, également connue sous le nom « all'Arrabbiata » ou « à carac-
tère explosif », est faite avec du piment de Cayenne broyé (et parfois, pour
en rehausser davantage le goût, avec du chili frais). J'aime jouer avec
l'amertume des olives et des câpres pour lui donner plus de profondeur,
plutôt que de me concentrer à la rendre plus épicée avec le chili frais. Cette
sauce est parfaite pour accompagner les pennes et les rigatonis.*

DONNE ENVIRON 1 LITRE (4 TASSES) :
4 PORTIONS À SERVIR SUR 450 G (16 OZ) DE PÂTES EN PLAT PRINCIPAL

45 ml (3 c. à table) d'huile d'olive extravierge
1 petit oignon haché
2 gousses d'ail hachées
120 ml (1/2 tasse) d'olives noires dénoyautées, grossièrement hachées
30 ml (2 c. à table) de câpres égouttées, rincées
2 ml (1/2 c. à thé) de sel de mer (ou au goût)
Une généreuse pincée de piment de Cayenne broyé
1 boîte de 840 ml (28 oz) de tomates italiennes broyées

DANS UNE GRANDE POÊLE À FRIRE, faire chauffer l'huile à feu moyennement
élevé. Lorsque l'huile est prête, ajouter l'oignon et l'ail. Faire sauter 3 minutes.

Réduire le feu à intensité modérée. Incorporer les
olives, les câpres, les 2 ml (1/2 c. à thé) de sel et
le piment de Cayenne. Faire sauter de nouveau 1 minute. Ajouter les tomates. Laisser mijoter
20 minutes ou jusqu'à ce que la sauce ait quelque
peu réduit. Goûter et rectifier l'assaisonnement.
(La sauce peut être faite 1 journée à l'avance. La
refroidir complètement et la couvrir avant de la
réfrigérer. Au moment de l'utiliser, la réchauffer à
feu moyen.)

SALSA ALL'AMATRICIANA

Voici la plus célèbre des sauces de Rome, bien que sa recette provient en fait d'une petite ville qui s'appelle Amatrice et qui est située en banlieue de la capitale. Cette vigoureuse sauce est parfaitement balancée par les tomates piquantes, l'oignon sucré et le savoureux goût de la poitrine de porc salée, roulée et séchée (pancetta). Mes parents en préparaient les soirs de semaine, lorsque ma mère était trop occupée pour préparer un mets élaboré ou aller faire les courses. Le temps que ça prend pour faire bouillir l'eau, la sauce est prête. Elle accompagne admirablement bien les bucatinis, les perciatellis ou les spaghettis.

DONNE ENVIRON 1 LITRE (4 TASSES) :
4 PORTIONS À SERVIR SUR 450 G (16 OZ) DE PÂTES EN PLAT PRINCIPAL

30 ml (2 c. à table) d'huile d'olive

170 g (6 oz) de tranches de pancetta ou de bacon, coupées en dés

1 oignon jaune, finement haché

2 gousses d'ail, émincées

Une pincée de piment de Cayenne broyé

1 boîte de 840 ml (28 oz) de tomates italiennes en purée

2 ml (1/2 c. à thé) de sel (ou au goût)

2 ml (1/2 c. à thé) de poivre noir fraîchement moulu (ou au goût)

120 ml (1/2 tasse) de fromage râpé pecorino romano

DANS UNE GRANDE poêle à frire en fonte, faire chauffer l'huile à feu moyen. Ajouter la pancetta (bacon). La faire sauter 8 minutes ou jusqu'à ce qu'elle soit dorée. Incorporer l'oignon. Faire sauter de nouveau 5 minutes ou jusqu'à ce que l'oignon soit tendre. Ajouter l'ail et le piment de Cayenne broyé. Faire

chauffer 30 secondes, le temps qu'un doux parfum se dégage. Incorporer la purée de tomates, 2 ml (1/2 c. à thé) de sel et la même quantité de poivre. À feu moyennement doux, laisser mijoter à découvert 15 minutes ou jusqu'à ce que la sauce ait quelque peu épaissi et que les saveurs se soient bien mêlées. Ajouter le fromage. Goûter et rectifier l'assaisonnement. (La sauce peut être faite 1 journée à l'avance. La refroidir complètement et la couvrir avant de la réfrigérer. Au moment de l'utiliser, la réchauffer à feu moyen.)

BOLOGNAISE SIMPLE

Lorsque nous étions enfants, cette sauce était de loin notre préférée. Nous en mangions avec presque tout, que ce soit des pâtes, du riz, du pain, des pommes de terre ou une polenta. Et nous en mettions beaucoup ! En fait, nous en consommions une quantité industrielle. Mes parents ont alors imaginé une recette qui prenait moins de temps à préparer que la sauce tradition-nelle ; je vous présente leur découverte. Le résultat est aussi savoureux et, croyez-moi sur parole, vous n'y verrez pas de différence. Maintenant que je suis adulte, j'essaie de ne pas utiliser la bolognaise sur tout ce que je mange ; c'est difficile, car cette sauce accompagne parfaitement n'importe quelle sorte de pâtes.

DONNE ENVIRON 1 LITRE (4 TASSES) :
4 PORTIONS À SERVIR SUR 450 G (16 OZ) DE PÂTES EN PLAT PRINCIPAL

60 ml (1/4 tasse) d'huile d'olive extravierge

1 oignon moyen, émincé

2 gousses d'ail, émincées

1 branche de céleri, finement hachée

1 carotte, pelée et émincée

450 g (1 lb) de paleron de bœuf haché

1 boîte de 840 ml (28 oz) de tomates italiennes broyées

60 ml (1/4 tasse) de persil italien, grossièrement haché

8 feuilles de basilic frais, hachées

2 ml (1/2 c. à thé) de sel (ou au goût)

2 ml (1/2 c. à thé) de poivre noir fraîchement moulu (ou au goût)

60 ml (1/4 tasse) de fromage râpé pecorino romano

DANS UNE GRANDE POÊLE À FRIRE, faire chauffer l'huile à feu moyen. Lorsque l'huile est prête, ajouter l'oignon et l'ail. Faire sauter 8 minutes ou jusqu'à ce que l'oignon soit très tendre. Incorporer le céleri et la carotte. Faire sauter de nouveau durant 5 minutes. Régler le feu à intensité élevée. Ajouter le paleron haché et faire sauter la viande 10 minutes ou jusqu'à ce qu'elle ait perdu sa coloration rosée ; au besoin, défaire les gros morceaux. Incorporer les toma-tes, le persil, le basilic, 2 ml (1/2 c. à thé) de sel et la même quantité de poivre. À feu moyennement doux, faire cuire le tout 30 minutes ou jusqu'à ce que la sauce ait épaissi. Ajouter le fromage. Goûter et rectifier l'assaisonnement. (La sauce peut être faite 1 journée à l'avance. La refroidir complètement et la couvrir avant de la réfrigérer. Au moment de l'utiliser, la réchauffer à feu moyen.)

La crème utilisée doit être à la température ambiante afin de ne pas

SAUCE À LA VODKA

Cette invention italo-américaine (vous ne la trouverez pas en Italie) a, à première vue, l'air d'un plat très copieux ; cependant, le goût la vodka, qui relève la sauce et réchauffe la gorge, vient adoucir celui de la crème riche en matière grasse. Cette sauce peut être achetée dans le commerce mais, puisque c'est du gâteau à faire et qu'elle est tellement délicieuse, il vaut la peine de prendre quelques minutes pour la préparer soi-même. J'aime la servir avec des rigatonis ou des pennes.

DONNE ENVIRON 1 LITRE (4 TASSES) :
4 PORTIONS À SERVIR SUR 450 G (16 OZ) DE PÂTES EN PLAT PRINCIPAL

720 ml (3 tasses) de « Sauce marinara » (page 59)
240 ml (1 tasse) de vodka
120 ml (1/2 tasse) de crème riche en matière grasse, à la température ambiante
120 ml (1/2 tasse) de fromage parmesan râpé
2 ml (1/2 c. à thé) de sel (ou au goût)
1 ml (1/4 c. à thé) de poivre noir fraîchement moulu (ou au goût)

DANS UNE GRANDE POÊLE en fonte, à feu doux, laisser mijoter la sauce marinara et la vodka durant 20 minutes ou jusqu'à ce que le mélange se soit réduit du quart de son volume ; brasser de temps à autre durant la cuisson. Incorporer la crème et, toujours à feu doux, laisser mijoter jusqu'à ce que la sauce soit bien réchauffée. Retirer la poêle du feu. Ajouter le parmesan râpé, 2 ml (1/2 c. à thé) de sel et 1 ml (1/4 c. à thé) de poivre. Goûter et rectifier l'assaisonnement.

cailler lorsqu'elle est mélangée à la sauce marinara.

SAUCE TOMATE
aux boulettes de dinde

Voici une des recettes favorites des Italo-Américains. En ce qui me concerne, j'adore faire des boulettes à la dinde plutôt qu'au porc, au boeuf ou au veau comme c'est habituellement le cas. Je peux me permettre de manger cette viande plus fréquemment puisqu'elle est plus maigre et donc meilleure pour la santé. Vos invités seront tellement occupés à se régaler qu'ils ne prendront pas le temps de vous demander de quelle viande sont faites vos boulettes (je vous le dis, elles sont très bonnes) et, encore moins, si ces dernières décorent un gigantesque plateau de spaghettis ou de linguines pouvant rassasier toute la famille.

DONNE ENVIRON 3 DOUZAINES DE BOULETTES DE VIANDE :
4 À 6 PORTIONS À SERVIR SUR 450 G (16 OZ) DE PÂTES EN PLAT PRINCIPAL

60 ml (1/4 tasse) de chapelure ordinaire
60 ml (1/4 tasse) de persil italien haché
2 gros œufs légèrement battus
30 ml (2 c. à table) de lait entier
180 ml (3/4 tasse) de fromage romano
3 ml (3/4 c. à thé) de sel
3 ml (3/4 c. à thé) de poivre noir fraîchement moulu
450 g (1 lb) de dinde hachée, de préférence la viande brune
60 ml (1/4 tasse) d'huile d'olive extravierge
1,2 L (5 tasses) de « Sauce marinara » (page 59)

DANS UN GRAND BOL, mélanger la chapelure, le persil, les œufs, le lait, 120 ml (1/2 tasse) de fromage, le sel et le poivre. Ajouter la dinde et mélanger de nouveau délicatement ; attention à ne pas trop travailler la viande. Faire de petites boulettes avec le mélange.

Dans une grande poêle à frire, chauffer l'huile à feu moyennement élevé. En travaillant par lots distincts, ajouter les boulettes de viande et les faire cuire environ 3 minutes ; ne pas les tourner ou les bouger avant que le dessous soit bruni. Retourner les boulettes de viande et faire cuire 3 minutes de plus. Poursuivre la cuisson jusqu'à ce que les côtés soient dorés. Ajouter la sauce marinara et amener à ébullition. Réduire l'intensité du feu et laisser mijoter 5 minutes, le temps que les saveurs se mêlent. (Jusqu'à cette étape de la recette, les boulettes peuvent être préparées 1 journée à l'avance. Les laisser refroidir et les recouvrir avant de les réfrigérer. Les réchauffer avant de poursuivre.)

À l'aide d'une cuillère à égoutter, déposer les boulettes de viande dans un bol de service. Saupoudrer du reste de fromage, soit 60 ml (1/4 tasse). Mettre les pâtes cuites dans la poêle avec le reste de la sauce et bien les enduire. Transférer les pâtes dans un autre grand bol. Servir avec les boulettes de viande.

LES BOULETTES DE VIANDE *peuvent être faites à l'avance et réchauffées au four dans leur sauce à 120 °C (250 °F) pendant 30 minutes. Cette recette peut aussi être utilisée pour faire des mini-bouchées à servir comme hors-d'oeuvre.*

THON ET SAUCE TOMATE

Voilà un autre plat composé de ce que j'ai sous la main dans mon garde-manger ; il est parfait pour les jours où je n'ai pas le temps de cuisiner. Ma mère l'utilisait fréquemment lorsque nous étions jeunes et, à ce que je me souvienne, tout le monde aimait bien se régaler de ce mets. Le zeste de citron réveille les saveurs et parfume cette préparation mais, si vous n'avez pas de citron, vous pouvez utiliser du piment de Cayenne broyé.

DONNE ENVIRON 1 LITRE (4 TASSES) :
4 PORTIONS À SERVIR SUR 450 G (16 OZ) DE PÂTES EN PLAT PRINCIPAL

720 ml (3 tasses) de « Sauce marinara » (page 59)
2 boîtes de 170 g (6 oz) de thon albacore conservé dans l'huile, égoutté
15 ml (1 c. à table) de câpres égouttées
5 ml (1 c. à thé) de zeste de citron râpé (environ 1/2 citron)
15 ml (1 c. à table) de persil frais italien, haché
2 ml (1/2 c. à thé) de sel (ou au goût)
2 ml (1/2 c. à thé) de poivre noir fraîchement moulu (ou au goût)

DANS UNE GRANDE poêle en fonte, mélanger la sauce marinara, le thon, les câpres et le zeste de citron. Tout en brassant pour briser les morceaux de thon, laisser mijoter 5 minutes pour mêler les saveurs. Incorporer le persil, 5 ml (1/2 c. à thé) de sel et la même quantité de poivre. Goûter et rectifier l'assaisonnement.

Pour servir avec des pâtes : ajouter à la sauce les pâtes fraîchement cuites et égouttées, puis mélanger pour bien les enrober. Réserver le liquide de cuisson des pâtes et, au besoin, l'utiliser pour éclaircir la sauce.

PESTOS
de tous les jours

Le pesto est une sauce verte traditionnellement faite de basilic et de pignons pilés mais, de nos jours, toute sauce nature facile à faire et réduite en purée peut s'appeler « pesto ». Et c'est vrai, puisque l'idée de base est d'avoir une sauce sans cuisson. Les pestos ne sont pas uniquement parfaits avec les pâtes ; ils constituent aussi des condiments de choix pour accompagner les viandes et le poisson ou pour servir de tartinade sur du pain grillé servi en hors-d'œuvre. Le pesto frais ne se garde pas longtemps, trois à quatre jours au réfrigérateur, même s'il est conservé dans un contenant hermétique. Si vous avez l'intention d'en faire une grande quantité, vous aurez besoin d'un tas de pignons. Conservez ces derniers au congélateur, car ils peuvent devenir rances très rapidement, et vous ne voulez sûrement pas que ce produit dispendieux se retrouve à la poubelle peu de jours après son achat. Lorsque vous congelez les pignons, vous pouvez en acheter une énorme quantité, économiser des sous et toujours en avoir sous la main. Pour préparer les noix à être utilisées pour le pesto, il suffit de les déposer sur une plaque à pâtisserie et de les faire griller à 205 °C (400 °F) de 5 à 10 minutes tout en les remuant de temps à autre. Soyez vigilant pendant la cuisson pour éviter de les faire calciner.

PESTO AU BASILIC

Le plus élémentaire des pestos, le plus traditionnel, est celui qui est fait à base de basilic ; il a été inventé dans la ville de Gênes (Genoa), dans le nord de l'Italie. Ce produit est d'un vert vif et merveilleusement aromatisé. Assurez-vous d'ajouter votre huile doucement, afin que la sauce puisse s'émulsionner complètement, ce qui permettra à tous les ingrédients de bien se lier et donnera une consistance épaisse et uniforme. Il existe sur le marché plusieurs variétés de basilic, certaines plus sucrées, d'autres plus épicées. Soit dit en passant, le basilic est un ingrédient très important de la cuisine du Sud-Est asiatique ; il est spécialement utilisé dans les currys. Chaque variété de basilic dévoilera son unique saveur dans le pesto ; alors, laissez l'aventure vous dicter la voie et essayez la variété qui vous attire. Souvenez-vous cependant que vous aurez besoin de beaucoup de basilic. Ne lésinez pas sur la qualité et choisissez seulement un produit frais et croustillant. Laissez de côté tout ce qui est fané ou ramolli.

DONNE 240 ML (1 TASSE) :
4 PORTIONS À SERVIR SUR 340 G (12 OZ) DE PÂTES EN PLAT PRINCIPAL

480 ml (2 tasses) de feuilles de basilic frais (emballées)
60 ml (1/4 tasse) de pignons rôtis (voir page 70)
1 gousse d'ail
2 ml (1/2 c. à thé) de sel (ou au goût)
1 ml (1/4 c. à thé) de poivre noir fraîchement moulu (ou au goût)
Environ 160 ml (2/3 tasse) d'huile d'olive extravierge
120 ml (1/2 tasse) de parmesan râpé

DANS UN MÉLANGEUR, moudre le basilic, les pignons, l'ail, 2 ml (1/2 c. à thé) de sel et 1 ml (1/4 c. à thé) de poivre jusqu'à ce que le tout soit finement haché. Le mélangeur en marche, ajouter graduellement assez d'huile pour en arriver à former une consistance lisse et épaisse. Transvaser le pesto dans un bol de format moyen. Incorporer le fromage. Goûter et rectifier l'assaisonnement. (Le pesto peut être fait 2 jours à l'avance. Le couvrir avant de le réfrigérer.)

Le secret pour *faire du pesto une superbe sauce pour les pâtes, c'est d'arriver à obtenir la consistance requise. À la sortie du robot culinaire, les pestos sont habituellement trop épais pour napper les pâtes ; vous n'avez que de petits tas de pesto incapables de se répandre sur vos pâtes préférées. Ce que pouvez faire, c'est mélanger un peu du liquide de cuisson des pâtes pour diluer le pesto ; attention à ne pas ajouter trop de liquide, car vous auriez une soupe au pesto !*

PESTO AUX TOMATES SÉCHÉES AU SOLEIL

En hiver, lorsque les tomates n'ont pas atteint leur maturité gustative, il existe un moyen de remédier à la situation. Il s'agit de recourir à ce merveilleux ingrédient que constituent les tomates séchées au soleil. Ces dernières offrent un goût riche et sucré qui rappelle celui des tomates fraîches, et elles sont disponibles toute l'année. De plus, elles se conservent longtemps, prennent peu de place sur les tablettes du garde-manger et contiennent plein de saveurs qui sauront relever vos mets. Le pesto que je vous présente ici, se veut une délicieuse garniture pour accompagner les aliments sautés ou les poissons grillés ; par surcroît, il est merveilleux pour les pique-niques puisqu'il peut être mangé froid ou chaud. Il est aussi parfait sur des pennes.

DONNE ENVIRON 360 ML (1 1/2 TASSE) :
4 PORTIONS À SERVIR SUR 340 G (12 OZ) DE PÂTES EN PLAT PRINCIPAL

1 pot de 240 g (8 1/2 oz) de tomates séchées au soleil, conservées dans l'huile d'olive
240 ml (1 tasse) de feuilles de basilic frais (emballées)
2 gousses d'ail
120 ml (1/2 tasse) de fromage parmesan râpé
2 ml (1/2 c. à thé) de sel (ou au goût)
2 ml (1/2 c. à thé) de poivre fraîchement moulu (ou au goût)

DANS LE BOL d'un robot culinaire, déposer les tomates séchées au soleil et leur huile, le basilic et l'ail et malaxer jusqu'à ce que les tomates soient finement hachées. Transvaser le pesto dans un bol de format moyen. Incorporer le fromage, 2 ml (1/2 c. à thé) de sel et la même quantité de poivre. Goûter et rectifier l'assaisonnement. (Ce pesto se conserve 1 semaine dans un contenant hermétique.)

Pour ce mets, *j'aime bien utiliser les tomates séchées au soleil conservées dans l'huile d'olive, car cette dernière a eu le temps de mariner avec les tomates, ce qui ajoute plus de saveur au pesto. Si vous ne pouvez trouver de tomates séchées baignant dans l'huile, je vous suggère de faire tremper vos tomates séchées au soleil dans une huile d'olive extravierge pendant 12 heures.*

PESTO AUX ÉPINARDS ET AUX PIGNONS

Au cours des dernières années, les Américains se sont vu offrir un nombre étonnant de nouveaux aliments préparés ; les supermarchés ont des rangées d'aliments prêts à être consommés sur place ou à la maison ! Je ne suis pas entichée de ces aliments. Par contre, j'adore les légumes préparés à l'avance, par exemple les sacs de pousses d'épinard qui sont maintenant disponibles en abondance dans les commerces. Comme vous le savez, laver des épinards n'est pas une tâche des plus agréables ; ils sont pleins de sable et de gravier, il faut changer l'eau de rinçage à plusieurs reprises, sans parler du temps qu'on prend à séparer les tiges fibreuses des feuilles tendres. Les sacs de pousses d'épinard, quant à eux, présentent un produit prêt à utiliser : on ouvre le sac, on dépose les épinards dans un bol à salade et il ne reste qu'à y ajouter la vinaigrette. Une autre façon de procéder consiste à faire sauter les épinards dans une poêle contenant un peu d'huile d'olive et de l'ail et, en quelques secondes, vous avez un produit frais dans votre assiette. Ou encore, passez-les au mélangeur avec d'autres ingrédients et, en un rien de temps, vous aurez du pesto !

DONNE 240 ML (1 TASSE) :

4 PORTIONS À SERVIR SUR 340 G (12 OZ) DE PÂTES EN PLAT PRINCIPAL

480 ml (2 tasses) de pousses d'épinards, emballées serré, soit environ 57 g (2 oz)
60 ml (1/4 tasse) de pignons rôtis (voir page 70)
5 à 10 ml (1 à 2 c. à thé) de zeste de citron râpé (environ 1 citron)
30 ml (2 c. à table) de jus de citron frais (environ 1/2 citron)
80 ml (1/3 tasse) d'huile d'olive
80 ml (1/3 tasse) de fromage parmesan râpé
2 ml (1/2 c. à thé) de sel (ou au goût)
2 ml (1/2 c. à thé) de poivre noir fraîchement moulu (ou au goût)

DANS LE BOL du robot culinaire, déposer les épinards, les pignons, le zeste de citron et le jus de citron. Actionner le robot et ajouter graduellement l'huile. Malaxer jusqu'à ce que la texture soit crémeuse. Transvaser le pesto dans un bol de format moyen. Incorporer le parmesan, 2 ml (1/2 c. à thé) de sel et la même quantité de poivre. Goûter et rectifier l'assaisonnement. (Le pesto peut être préparé 2 jours à l'avance. Le couvrir avant de le réfrigérer.)

Ce pesto est délicieux avec le poulet grillé.

PESTO DE CHAMPIGNONS

Dans ma famille, le pesto avait toujours l'apparence d'une sauce verte. Or, comme la plupart des gens, j'ai élargi la définition du pesto et, par conséquent, vu de nouvelles possibilités. (C'est ce qui rend la cuisine si agréable.) La recette que je vous présente utilise une combinaison de champignons séchés et frais, et chacune des variétés apporte au plat sa propre texture prononcée et sa saveur distincte. Les cèpes de Bordeaux (porcini) séchés sont très faciles à trouver pendant toute l'année. Et même s'ils sont dispendieux, ils constituent un produit génial à avoir dans son garde-manger puisqu'ils peuvent être utilisés pour relever un plat de pâtes ou faire une sauce en accompagnement d'une assiette de viande. Évidemment, ils peuvent aussi servir de base pour ce pesto.

DONNE ENVIRON 360 ML (1 1/2 TASSE) :
4 PORTIONS À SERVIR SUR 340 G (12 OZ) DE PÂTES EN PLAT PRINCIPAL

28 g (1 oz) de bolets comestibles (*porcini*) séchés
225 g (8 oz) de champignons de Paris blancs, coupés en quartiers
360 ml (1 1/2 tasse) de persil italien frais
120 ml (1/2 tasse) de noix grillées (voir page 70)
2 gousses d'ail
120 ml (1/2 tasse) d'huile d'olive
120 ml (1/2 tasse) de fromage parmesan râpé
2 ml (1/2 c. à thé) de sel (ou au goût)
1 ml (1/4 c. à thé) de poivre noir fraîchement moulu (ou au goût)

AMENER À ÉBULLITION une petite casserole d'eau. Retirer la casserole du feu. Ajouter les bolets et appuyer sur leur surface pour les imbiber d'eau. Les laisser reposer 15 minutes ou jusqu'à ce qu'ils soient tendres. Égoutter l'eau de trempage et la jeter.

Dans le bol du robot culinaire, déposer les bolets comestibles, les champignons de Paris, le persil, les noix grillées et l'ail. Actionner le robot et ajouter graduellement l'huile. Malaxer jusqu'à ce que les champignons soient finement hachés. Transvaser la préparation dans un bol de format moyen. Incorporer le fromage parmesan, 2 ml (1/2 c. à thé) de sel et 1 ml (1/4 c. à thé) de poivre. Goûter et rectifier l'assaisonnement. (Le pesto peut être préparé 2 jours à l'avance. Le couvrir avant de le réfrigérer.)

CROSTINIS AU PESTO DE CHAMPIGNONS

Tout bon pesto constitue une bonne garniture pour les tranches de pain grillées — aussi appelées crostinis —, mais je dois cependant admettre avoir un petit faible pour la version aux champignons, qui est plus douce au palais que les autres variétés composées essentiellement d'herbes.

DONNE 36 CROSTINIS OU 12 PORTIONS EN HORS-D'ŒUVRE

36 tranches de pain baguette d'une épaisseur de 1,25 cm (1/2 po)
60 ml (1/4 tasse) d'huile d'olive
360 ml (1 1/2 tasse) de « Pesto de champignons » (page 76)

PRÉCHAUFFER LE FOUR à 190 °C (375 °F). Déposer les tranches de pain sur deux grandes plaques à pâtisserie robustes. Badigeonner les tranches d'huile et les faire griller au four 15 minutes ou jusqu'à ce qu'elles deviennent légèrement dorées et croustillantes. À l'aide d'une cuillère, étendre une couche de pesto aux champignons sur les crostinis. Servir immédiatement.

PESTO ARUGULA

Cette sauce épicée se sert à la perfection sur les pâtes. Il faut cependant laver la roquette à grande eau, au moins deux fois à l'eau froide, pour en retirer tous les petits grains de terre et de sable, que vous n'apprécieriez guère dans votre pesto.

DONNE 240 ML (1 TASSE) :
4 PORTIONS À SERVIR SUR 340 G (12 OZ) DE PÂTES EN PLAT PRINCIPAL

480 ml (2 tasses) de roquette fraîche (emballée)
1 gousse d'ail
120 ml (1/2 tasse) d'huile d'olive
120 ml (1/2 tasse) de fromage parmesan fraîchement râpé

2 ml (1/2 c. à thé) de sel (ou au goût)
1 ml (1/4 c. à thé) de poivre noir fraîchement moulu (ou au goût)

DANS LE BOL du robot culinaire, malaxer la roquette et l'ail jusqu'à ce que le tout soit finement haché. Pendant que le robot fonctionne, ajouter graduellement l'huile, et poursuivre l'opération jusqu'à ce que le tout soit bien mélangé. Transvaser le pesto dans un grand bol. Incorporer le fromage parmesan, 2 ml (1/2 c. à thé) de sel et 1 ml (1/4 c. à thé) de poivre. Goûter et rectifier l'assaisonnement. (Le pesto peut être préparé 2 jours à l'avance. Le couvrir avant de le réfrigérer.)

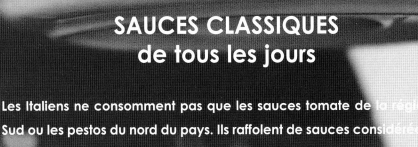

SAUCES CLASSIQUES
de tous les jours

Les Italiens ne consomment pas que les sauces tomate de la région du Sud ou les pestos du nord du pays. Ils raffolent de sauces considérées par plusieurs personnes comme des classiques de la cuisine française : la béchamel, le ragoût de champignons et le beurre brun. Ces recettes sont polyvalentes et peuvent être utilisées pour napper les pâtes, comme condiments pour les viandes et le poisson ou en accompagnement à d'autres plats. Ces sauces ne sont pas difficiles à faire et ne vous demanderont que peu de temps. Imaginez-vous en train d'expliquer à vos invités : « Oh, la lasagne ? J'y mets une mince couche de béchamel... »

SAUCE BÉCHAMEL

Vous êtes peut-être à vous demander d'où vient le nom de cette sauce (pro-bablement pas, mais je vais quand même vous le dire) ; elle a été nommée en l'honneur du marquis de Béchamel. En Italie, nous l'appelons balsamella ou besciamella. La version originale de cette sauce française demande qu'on fasse tremper de l'oignon et une feuille de laurier dans du lait pendant 30 minutes afin d'obtenir un goût parfumé. Cependant, il y a une façon plus simple de procéder pour la cuisine de tous les jours. Cette version simplifiée se fait rapidement et donne une sauce parfaite pour les « Rigatonis au four à la sauce béchamel » (page 115). Vous pouvez également l'utiliser comme vous le feriez avec une sauce hollandaise.

DONNE ENVIRON 1 L (4 TASSES)

75 ml (5 c. à table) de beurre doux, non salé
120 ml (1/2 tasse) de farine tout usage
1 L (4 tasses) de lait entier chaud
2 ml (1/2 c. à thé) de sel (ou au goût)
Une pincée de poivre blanc fraîchement moulu (ou au goût)
Une pincée de muscade râpée (ou au goût)

DANS UNE CASSEROLE DE 2 LITRES (8 tasses), faire fondre le beurre à feu moyen-nement élevé. Ajouter la farine. À l'aide d'un fouet métallique, remuer 2 minutes ou jusqu'à l'obtention d'un mélange lisse. Tout en fouettant constamment pour éviter la formation de grumeaux, incorporer graduelle-ment le lait chaud. À feu modéré (il ne faut pas que la sauce vienne à ébul-lition), laisser mijoter 10 minutes ou jusqu'à l'obtention d'une consistance épaisse, lisse et crémeuse ; fouetter constamment. Retirer du feu. Incorporer 2 ml (1/2 c. à thé) de sel et une pincée de poivre et de muscade. Goûter et rectifier l'assaisonnement. (La sauce peut être préparée 3 jours à l'avance. La refroidir et la couvrir avant de la réfrigérer.)

RAGOÛT DE CHAMPIGNONS

Si vous aimez les champignons, cette sauce est pour vous. Vous pouvez l'utiliser comme garniture sur les pâtes, la viande et — mon mets préféré — la polenta. Le secret pour obtenir une sauce onctueuse et savoureuse est d'employer différents champignons, de préférence des variétés sauvages. J'avoue toutefois avoir un faible pour les champignons café, les pleurotes et les shiitakes, mais vous pouvez également ajouter des portobellos, des polypores en touffe (poules des bois), des chanterelles ou d'autres variétés du commerce. La seule variété que je vous conseille d'éviter, c'est le champignon de Paris blanc. Son goût très doux se dissiperait dans le mélange de champignons à saveur plus relevée ; de plus, son fort volume d'eau diluerait votre sauce sans rien y ajouter au goût.

DONNE ENVIRON 720 ML (3 TASSES) :
4 PORTIONS À SERVIR SUR 450 G (16 OZ) DE PÂTES EN PLAT PRINCIPAL

60 ml (1/4 tasse) d'huile d'olive
1 gros oignon haché
2 gousses d'ail émincées
450 g (1 lb) d'un mélange de champignons sauvages (café, pleurotes, polypores en touffe, shiitakes équeutés), hachés
2 ml (1/2 c. à thé) de sel (ou au goût)
1 ml (1/4 c. à thé) de poivre noir fraîchement moulu (ou au goût)
240 ml (1 tasse) de vin de Marsala
480 ml (2 tasses) de bouillon de poulet à faible teneur en sodium
160 ml (2/3 tasse) de fromage parmesan râpé
5 feuilles de basilic frais
60 ml (1/4 tasse) de persil italien frais, haché

DANS UNE GRANDE POÊLE, faire chauffer l'huile à feu modéré. Lorsque l'huile est prête, ajouter l'oignon et l'ail. Faire sauter 8 minutes ou jusqu'à ce que l'oignon soit tendre. Incorporer les champignons, 2 ml (1/2 c. à thé) de sel et 1 ml (1/4 c. à thé) de poivre. Régler le feu à intensité élevée et faire sauter les champignons 8 minutes ou jusqu'à ce qu'ils soient tendres et que tout le liquide se soit évaporé. Retirer la poêle du feu et ajouter le vin de Marsala. Remettre la poêle sur le feu et laisser mijoter 5 minutes ou jusqu'à ce que le vin se soit évaporé. Ajouter le bouillon de poulet et laisser mijoter 30 minutes ou jusqu'à ce que la sauce ait réduit de moitié. Retirer la poêle du feu et incorporer le fromage, le basilic et le persil. Goûter et rectifier l'assaisonnement. (La sauce peut être préparée 2 jours à l'avance. La refroidir et la couvrir avant de la réfrigérer. La réchauffer avant de servir.)

SAUCE AU BEURRE BRUN

Cette sauce, des plus faciles à préparer, est très savoureuse, mais quel produit ne le serait pas lorsqu'il est submergé de beurre ? C'est la garniture parfaite pour les pâtes farcies, par exemple les raviolis, les tortellinis et les agnollotis.

Donne environ 120 ml (1/2 tasse) :
4 portions à servir sur 450 g (16 oz) de pâtes en plat principal

120 ml (1/2 tasse) ou 1 bâtonnet de beurre non salé
6 feuilles de sauge fraîche (déchiquetées) ou 60 ml
   (1/4 tasse) de feuilles de basilic frais
2 ml (1/2 c. à thé) de sel (ou au goût)
1 ml (1/4 c. à thé) de poivre fraîchement moulu (ou au goût)
Une pincée de muscade fraîchement râpée
80 ml (1/3 tasse) de fromage parmesan râpé

DANS UNE GRANDE poêle à frire en fonte, faire fondre le beurre 4 minutes à feu moyennement élevé ou jusqu'à ce qu'il soit doré. Ajouter la sauge ou les feuilles de basilic et les faire cuire 2 minutes ou jusqu'à ce qu'elles soient croustillantes. Incorporer 2 ml (1/2 c. à thé) de sel, 1 ml (1/4 c. à thé) de poivre et la muscade. Goûter et rectifier l'assaisonnement. Saupoudrer de fromage parmesan. Servir.

Les **feuilles de sauge** font plus traditionnelles dans cette sauce, mais j'aime beaucoup le **basilic.** Si aucune de ces fines herbes ne vous plaît, utilisez-en une de votre choix.

pasta,
polenta et risotto

de tous les jours

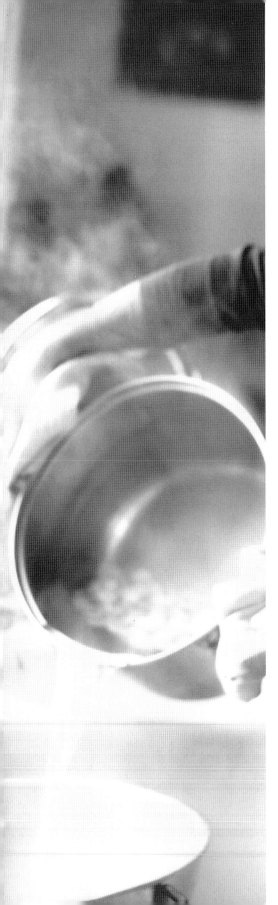

FRAIS DU GARDE-MANGER

Spaghetti au citron • Spaghetti à l'ail, à l'huile d'olive et au piment de Cayenne broyé • Orecchiettes et chapelure grillée

PÂTES FARCIES DE TOUS LES JOURS

Tortellinis au fromage dans un léger bouillon • Lasagne italienne classique • Lasagnes végétariennes individuelles • Manicottis au boeuf et au fromage • Raviolis à la citrouille, à la sauge et aux noisettes grillées • Raviolis aux champignons et aux épinards • Raviolis aux champignons sauvages, sauce basilic et pignons

PÂTES « SANS SAUCE » DE TOUS LES JOURS

Farfalles à la saucisse de dinde, aux pois et aux champignons • Orecchiettes à la saucisse épicée et au rapini • Pasta Primavera • Zitis aux asperges, à la mozzarella fumée et au prosciutto • Spaghetti aux palourdes

PETITES GÂTERIES DE TOUS LES JOURS

Penne alla Carbonara • Fettuccine Alfredo • Rigatonis au four à la sauce béchamel

RESTES DE PÂTES

Pizza di Spaghetti • Torta di Pasta

POLENTA DE TOUS LES JOURS

Polenta classique • Polenta frite • Polenta au four • Polenta crémeuse au gorgonzola

RISOTTO DE TOUS LES JOURS

Risotto classique • Risotto aux champignons sauvages et aux pois • Risotto al Salto (gâteau au riz) • Arancini di Riso

Frais
DU GARDE-MANGER

Les pâtes alimentaires ont plusieurs avantages : elles se conservent bien, sont peu dispendieuses et se trouvent facilement dans le commerce ; de plus, elles représentent toujours une alternative intéressante, que ce soit pour préparer un hors-d'œuvre ou un plat principal. J'ai toujours une sélection de quelques boîtes de pâtes sur les tablettes de mon garde-manger et, lorsque je suis trop épuisée pour me rendre au supermarché, je me dépanne facilement. Dans la section qui suit, je vous présente quelques-unes de mes recettes préférées.

lorsqu'on fait cuire des pâtes sèches, *il importe d'employer beaucoup d'eau — 7 L (6 pintes) par 450 g (1 lb) de pâtes, soit l'équivalent de 4 portions — pour empêcher ces dernières de coller. L'ajout de beaucoup de sel donne plus de saveur aux pâtes : personnellement, j'ajoute 60 ml (1/4 tasse) de sel de mer à mon eau de cuisson. Mélanger l'eau et le sel dans une grande marmite. Couvrir et amener à ébullition à feu élevé. Ajouter les pâtes et, tout en remuant de temps à autre, les faire bouillir 8 minutes ou jusqu'à ce qu'elles soient tendres mais encore fermes sous la dent. (Les pâtes de petites tailles demandent un temps de cuisson plus court, alors que les pâtes plus épaisses ou plus volumineuses en nécessitent un plus long.) Égoutter les pâtes, mais réserver au moins 120 ml (1/2 tasse) du liquide de cuisson qui, au besoin, pourra servir à diluer la sauce ou la garniture.*

SPAGHETTI AU CITRON

Ce spaghetti est probablement le plat de pâtes le plus facile à faire : il est fantastique comme repas léger ou mets d'accompagnement, spécialement avec le poisson grillé.

DONNE 4 PORTIONS EN PLAT PRINCIPAL OU 6 EN PLAT D'ACCOMPAGNEMENT

160 ml (2/3 tasse) d'huile d'olive

160 ml (2/3 tasse) de fromage parmesan fraîchement râpé

120 ml (1/2 tasse) de jus de citron frais (environ 2 citrons)

3 ml (3/4 c. à thé) de sel (ou au goût)

2 ml (1/2 c. à thé) de poivre noir fraîchement moulu (ou au goût)

450 g (1 lb) de pâtes à spaghetti sèches

80 ml (1/3 tasse) de basilic frais, haché

15 ml (1 c. à table) de zeste de citron râpé (environ 2 citrons)

DANS UN GRAND BOL, fouetter l'huile, le fromage parmesan, le jus de citron, 3 ml (3/4 c. à thé) de sel et 2 ml (1/2 c. à thé) de poivre. Bien mélanger. Réserver. (La sauce peut être préparée 8 heures à l'avance. La couvrir avant de la réfrigérer. L'amener à la température ambiante au moment de l'utiliser.)

Dans une grande marmite, amener à ébullition la quantité d'eau salée nécessaire. Ajouter les spaghettis et, tout en remuant de temps à autre, faire cuire 8 minutes ou jusqu'à ce que les pâtes soient tendres mais encore fermes sous la dent. Égoutter les pâtes et réserver 240 ml (1 tasse) du liquide de cuisson. Ajouter les spaghettis à la sauce au citron. Incorporer le basilic et le zeste de citron. Bien mélanger. Recouvrir les pâtes d'un peu d'eau de cuisson, en y allant 60 ml (1/4 tasse) à la fois, pour les humidifier. Goûter et rectifier l'assaisonnement. Déposer dans des bols. Servir.

SPAGHETTI À L'AIL,
à l'huile d'olive et au piment
de Cayenne broyé

En Italie, cette recette s'appelle « Aglio, Olio, e Pepperoncino ». Elle est excessivement facile à faire, mais il faut connaître un secret pour la réussir : réserver une partie du liquide de cuisson des pâtes pour faire la sauce. Dans la présente version, j'incorpore des fines herbes. À mon avis, j'ai trouvé une combinaison tout à fait merveilleuse : l'origan, le thym et la marjolaine. Cependant, n'hésitez pas à la remplacer par n'importe quelle autre combinaison d'herbes de votre choix. Il est à noter que les fines herbes déshydratées donnent un piètre résultat dans cette recette.

DONNE 4 PORTIONS EN PLAT PRINCIPAL

Sel
450 g (1 lb) de pâtes à spaghetti sèches
120 ml (1/2 tasse) d'huile d'olive extravierge
5 gousses d'ail pelées
5 ml (1 c. à thé) de piment de Cayenne broyé (ou au goût)
60 ml (1/4 tasse) de persil italien haché
15 ml (1 c. à table) de basilic frais, haché
15 ml (1 c. à table) de menthe fraîche, hachée

DANS UNE GRANDE MARMITE, amener à ébullition la quantité d'eau salée nécessaire. Ajouter les spaghettis et, tout en remuant de temps à autre, faire cuire 8 minutes ou jusqu'à ce que les pâtes soient tendres mais encore fermes sous la dent. Égoutter les pâtes et réserver 30 ml (2. à table) du liquide de cuisson. Pour conserver l'amidon naturel des pâtes, éviter de passer les spaghettis sous l'eau ; la sauce adhérera mieux aux pâtes.

Entre-temps, dans une grande poêle à frire, faire chauffer l'huile à feu modéré. Ajouter l'ail et faire sauter 1 minute ou jusqu'à ce qu'il soit doré et qu'il dégage son parfum. L'ail ne doit pas cuire trop longtemps, sinon il dégagera un goût amer. À l'aide d'une cuillère à égoutter, retirer et jeter l'ail. Incorporer le piment de Cayenne broyé et faire sauter 1 minute. Ajouter délicatement le liquide de cuisson réservé et 120 ml (1/2 c. à thé) de sel. Déposer immédiatement les spaghettis égouttés. Remuer pour bien imbiber les pâtes de sauce. Goûter et rectifier l'assaisonnement. Transférer dans un grand bol de service. Saupoudrer de persil, de basilic et de menthe. Servir.

ORECCHIETTES
et chapelure grillée

La plupart d'entre nous pensent que la chapelure ne sert qu'à enrober les viandes avant de les faire frire. Dans la cuisine italienne, elle sert parfois d'ingrédient principal, comme c'est le cas dans la présente recette. On a probablement inventé ce plat pour utiliser les restes de pain rassis — une simple inspiration qui nous a donné un si délicieux mets. J'aime beaucoup cette garniture avec des orecchiettes (petites oreilles), mais vous pouvez très bien vous en servir pour toute autre pâte de petite taille.

DONNE 4 PORTIONS EN PLAT PRINCIPAL

Sel

450 g (1 lb) d'orecchiettes ou d'autres petites pâtes,
   comme des farfalles ou des pennes

180 ml (3/4 tasse) d'huile d'olive extravierge

160 ml (2/3 tasse) de chapelure assaisonnée à l'italienne

1 ml (1/4 c. à thé) de sel de mer (ou au goût)

1 ml (1/4 c. à thé) de poivre noir fraîchement moulu (ou au goût)

240 ml (1 tasse) de prosciutto finement haché

60 ml (1/4 tasse) de parmesan fraîchement râpé

30 ml (2 c. à table) de persil italien frais, haché

DANS UNE GRANDE MARMITE, amener à ébullition la quantité d'eau salée nécessaire. Ajouter les spaghettis et, tout en remuant de temps à autre, faire cuire 8 minutes ou jusqu'à ce que les pâtes soient tendres mais encore fermes sous la dent. Égoutter les pâtes et réserver.

Entre-temps, dans une grande poêle à frire, faire chauffer l'huile à feu moyennement élevé. Incorporer la chapelure assaisonnée, 1 ml (1/4 c. à thé) de sel de mer et la même quantité de poivre. Tout en remuant constamment, faire cuire la chapelure 2 minutes ou jusqu'à ce qu'elle soit bien dorée.

En travaillant rapidement, égoutter les pâtes et les incorporer à la préparation de chapelure dans la poêle. Retirer le tout du feu. Ajouter le prosciutto et le fromage. Goûter et rectifier l'assaisonnement. Déposer les pâtes dans un grand bol de service et les garnir de persil. Servir.

PÂTES FARCIES
de tous les jours

Quand je pense aux plats italo-américains, je vois des pâtes farcies — particulièrement celles qui sont cuites au four, tels la lasagne et les manicottis. Les plats de ce genre sont toujours bien accueillis aux repas, que ce soit par les invités ou, tout aussi important, par l'hôtesse. Vous pouvez les préparer à l'avance, ce qui vous permet de vous relaxer et d'avoir du plaisir avec les invités. Les pâtes farcies peuvent aussi être de petite taille : par exemple, il peut s'agir de raviolis, de tortellinis et d'agnollotis. Certains livres de recettes vous proposent de faire vous-même vos raviolis farcis en vous expliquant comment faire des pâtes fraîches, fabriquer la farce, construire chacune des petites bouchées et préparer la sauce pour finalement vous dire que vous êtes prête à servir ! À titre de chef, j'ai souvent fait de petites pâtes farcies. Cependant, ce n'est pas le type de cuisine qu'on prépare tous les jours — peut-être en Italie, mais sûrement pas en Amérique. Heureusement, on trouve dans le commerce de plus en plus de pâtes farcies prêtes à manger et de haute qualité ; on ne nous offre pas seulement celles à la farce traditionnelle au ricotta, mais aussi des pâtes farcies aux bolets comestibles, à la viande de homard, voire à la citrouille. Vous pouvez trouver ces variétés dans les sections réfrigérées des épiceries fines, dans les commerces spécialisés dans les produits italiens et dans les meilleurs supermarchés. Alors, vous le voyez, il n'est pas nécessaire de passer la journée à router de la pâte.

TORTELLINIS AU FROMAGE
dans un léger bouillon

Le mot tortellini signifie « petits gâteaux » ; ce sont de petites pépites de pâte farcies avec des ingrédients qui vont du fromage habituel aux légumes et à diverses viandes. Ces pâtes étaient habituellement servies au souper du dimanche, lors de fêtes (spécialement la journée de Noël) ou d'occasions spéciales, car leur préparation était très laborieuse. De nos jours, avec les pâtes farcies préparées et congelées, vous pouvez réaliser un plat en un temps record, et ce, peu importe le jour de la semaine.

DONNE 4 PORTIONS EN ENTRÉE

1 L (4 tasses) de bouillon de poulet à faible teneur en sodium
1 paquet de 250 g (9 oz) de tortellinis au fromage, frais
2 ml (1/2 c. à thé) de poivre fraîchement moulu (ou au goût)
45 ml (3 c. à table) de parmesan râpé
15 ml (1 c. à table) de persil italien haché

VERSER LE BOUILLON de poulet dans une grande casserole en fonte. Couvrir cette dernière et amener à ébullition à feu élevé. Ajouter les tortellinis et 2 ml (1/2 c. à thé) de poivre. Couvrir partiellement et, tout en remuant à l'occasion, laisser mijoter 7 minutes à feu modéré ou jusqu'à ce que les pâtes soient al dente. Au besoin, ajouter un peu de poivre.

À l'aide d'une louche, remplir les bols de service de bouillon et de tortellinis. Saupoudrer de fromage parmesan et de persil. Servir.

N'hésitez pas à employer des tortellinis ou des raviolis qui sont farcis à votre goût.

LASAGNE italienne classique

La lasagne est un plat qui peut être préparé d'avance et qui peut nourrir toute une bande ; il est aussi facile d'en faire pour douze personnes que pour quatre. Il m'arrive de recevoir des invités et de leur présenter deux versions de lasagne : la classique et la fantastique végétarienne (page 94) ; mes invités s'amusent à prendre une part de l'une et une part de l'autre, et à comparer. Si vous préparez votre lasagne à l'avance et que vous la servez accompagnée d'une petite salade verte, je vous assure que vous pourrez nourrir une foule sans avoir à passer plus de cinq minutes dans la cuisine durant la soirée, soit probablement moins de temps qu'il vous faudrait pour indiquer au livreur de pizza comment se rendre chez vous.

Donne 4 portions en plat principal

Sel

30 ml (2 c. à table) d'huile végétale

15 pâtes à lasagne sèches (environ 340 g ou 12 oz)

45 ml (3 c. à table) d'huile d'olive extravierge

450 g (1 lb) de paleron de bœuf haché

5 ml (1 c. à thé) de poivre noir fraîchement moulu (ou au goût)

600 ml (2 1/2 tasses) de « Sauce béchamel » (page 79)

360 ml (1 1/2 tasse) de « Sauce marinara » (page 59)

675 g (1 1/2 lb) de fromage ricotta fait de lait entier

3 gros œufs

30 ml (2 c. à table) de beurre non salé

2 paquets de 280 g (10 oz) d'épinards congelés, hachés, dégelés
   et entièrement asséchés

720 ml (3 tasses) de mozzarella râpée

60 ml (1/4 tasse) de parmesan fraîchement râpé

DANS UNE GRANDE MARMITE, amener l'eau salée à ébullition. Ajouter l'huile végétale (elle empêchera les lasagnes de coller ensemble). Faire cuire les lasagnes 6 minutes ou jusqu'à ce qu'elles soient presque *al dente* (le centre de la pâte doit rester un peu dur, ce qui empêchera les lasagnes de trop ramollir lorsqu'elles seront cuites au four). Égoutter les pâtes. Les passer sous l'eau froide afin d'en arrêter la cuisson et d'enlever tout excédent d'amidon. Couvrir légèrement les pâtes avec une serviette humide afin de les empêcher de sécher. Réserver.

Dans une sauteuse, faire chauffer l'huile d'olive à feu moyennement élevé. Y ajouter le bœuf haché, 2 ml (1/2 c. à thé) de sel et la même quantité de poivre. Faire sauter 8 minutes ou jusqu'à ce que le bœuf ait bruni ; pendant la cuisson, défaire les gros morceaux de viande. Retirer du feu et égoutter l'excès de gras. Laisser refroidir complètement.

Positionner une grille au centre du four et préchauffer ce dernier à 190 °C (375 °F).

Dans un bol de format moyen, bien mélanger les sauces béchamel et marinara. Goûter et rectifier l'assaisonnement.

Dans un autre bol de grandeur moyenne, combiner le ricotta, les œufs, 2 ml (1/2 c. à thé) de sel et la même quantité de poivre. Réserver. Étendre le beurre dans un plat de 32,5 cm x 22,5 cm (13 po x 9 po) allant au four. À l'aide d'une cuillère, verser un tiers de la sauce béchamel-marinara dans le plat. Disposer 5 lasagnes sur la sauce, en les faisant chevaucher légèrement pour couvrir complètement le fond du plat. Étendre uniformément le mélange de ricotta sur les lasagnes. Recouvrir d'épinards. Disposer 5 autres lasagnes sur les épinards et recouvrir de bœuf haché. À l'aide d'une cuillère, verser un autre tiers de la sauce béchamel-marinara sur le bœuf haché et saupoudrer de 120 ml (1/2 tasse) de mozzarella. Recouvrir avec les 5 dernières lasagnes. Verser le reste de la sauce béchamel-marinara sur les lasagnes et saupoudrer avec ce qui reste de fromage mozzarella et le fromage parmesan. (À ce stade-ci de la recette, la lasagne peut être préparée 1 journée à l'avance. La couvrir hermétiquement avec une pellicule plastique et la réfrigérer. La découvrir avant de mettre au four.)

Recouvrir de papier d'aluminium une grande plaque à pâtisserie et y placer le plat de lasagnes. Faire cuire la lasagne 45 minutes ou jusqu'à ce qu'elle soit entièrement réchauffée et que le dessus commence à faire des bulles.

LASAGNES
végétariennes individuelles

La beauté de ce plat, c'est que vous pouvez utiliser tous les légumes que vous aimez, pour autant que vous les coupiez de la même grosseur. La version que je vous présente comprend beaucoup de légumes parce que j'aime avoir une variété de textures et de goûts. Cependant, si vous n'aimez pas l'un ou l'autre de ces légumes, oubliez-le ou remplacez-le par une quantité égale d'un autre de votre choix. Et si vous préférez un plat plus simple, ne recourez qu'à quelques-uns des légumes suggérés. Allez-y selon vos préférences. Si vous le désirez, plutôt que de faire des portions individuelles, vous pourriez faire une grande lasagne en utilisant un plat allant au four de 32,5 cm x 22,5 cm (13 po x 9 po). Le résultat serait tout aussi délicieux !

DONNE 6 PORTIONS EN PLAT PRINCIPAL

Sel

30 ml (2 c. à table) d'huile végétale

450 g (1 lb) de pâtes à lasagne sèches

45 ml (3 c. à table) d'huile d'olive extravierge

1 oignon moyen, finement haché

1 grosse carotte, pelée et émincée

1 grosse courgette, finement hachée

1 grosse courge d'été jaune, émincée

1 paquet d'asperges, cuites à la vapeur et coupées en tronçons
    de 0,6 cm (1/4 po)

3 ml (3/4 c. à thé) de poivre noir fraîchement moulu (ou au goût)

360 ml (1 1/2 tasse) de « Sauce marinara » (page 59) ou 480 ml (2 tasses)
    pour une plus grosse lasagne

1 boîte de 450 g (16 oz) de haricots blancs, rincés et égouttés

2 paquets de 280 g (10 oz) d'épinards congelés, hachés, dégelés et
    entièrement asséchés

480 ml (2 tasses) de mozzarella râpée

120 ml (1/2 tasse) de parmesan fraîchement râpé

45 ml (3 c. à table) de beurre non salé, coupé en morceaux

PRÉCHAUFFER LE FOUR à 190 °C (375 °F). Dans une grande marmite, amener l'eau salée à ébullition. Ajouter l'huile végétale. Faire cuire les lasagnes 6 minutes ou jusqu'à ce qu'elles soient presque al dente. Égoutter les pâtes. Les passer sous l'eau froide afin d'en arrêter la cuisson et d'enlever tout excédent d'amidon. Couvrir légèrement les pâtes avec une serviette humide afin de les empêcher de sécher. Réserver.

Dans une grande poêle à frire, faire chauffer l'huile d'olive à feu moyen. Ajouter l'oignon et le faire sauter 5 minutes ou jusqu'à ce qu'il devienne tendre. Incorporer la carotte et faire sauter le tout 3 minutes. Mettre la courgette et la courge d'été et faire sauter de nouveau 5 minutes. Ajouter les asperges et faire sauter 2 autres minutes. Assaisonner le mélange de légumes avec 2 ml (1/2 c. à thé) de sel et la même quantité de poivre. Retirer du feu et laisser refroidir.

À l'aide d'un emporte-pièce de 15 cm (6 po) de diamètre, couper les lasagnes froides pour obtenir 18 cercles. Couvrir le fond de chacun de 6 plats à gratin avec 5 ml (1 c. à thé) de sauce marinara. Sur la sauce de chacun des plats, déposer 1 cercle de pâte. Dans un bol de format moyen, mélanger les haricots avec 1 ml (1/4 c. à thé) de sel et la même quantité de poivre. Après en avoir divisé les quantités, déposer les haricots sur les cercles de pâte des 6 plats, puis les épinards. Recouvrir chaque plat d'un autre cercle de pâte ; presser doucement pour compacter légèrement. À l'aide une cuillère, ajouter les légumes sautés sur les lasagnes, toujours en essayant de diviser également les quantités, puis recouvrir de 15 ml (1 c. à table) de sauce marinara. Mettre un troisième cercle de pâte dans chacun des plats, et y étendre 15 ml (1 c. à table) de sauce marinara. Saupoudrer de fromage mozzarella et de fromage parmesan. Garnir d'une motte de beurre. Recouvrir de papier aluminium une plaque à pâtisserie. Y placer les plats. (À ce stade-ci de la recette, les lasagnes peuvent être préparées 1 journée à l'avance. Les couvrir hermétiquement avec une pellicule plastique avant de les réfrigérer. Retirer la pellicule avant de mettre au four.)

Faire cuire les lasagnes 20 minutes ou jusqu'à ce que le dessus soit bruni et que des bulles commencent à s'y former.

MANICOTTIS
au boeuf et au fromage

Ce repas à plat unique n'est pas sans nous rappeler le traditionnel restaurant italien administré par les membres de la famille, ses nappes à carreaux rouges et ses merveilleux arômes émanant de la cuisine. C'est de la cuisine italo-américaine à son meilleur ! J'aime préparer à l'avance des portions individuelles de ce plat et les faire congeler. Les jours où je rentre épuisée à la maison, je n'ai qu'à en passer un au micro-ondes et, en quelques minutes, je peux me régaler d'un mets des plus réconfortants.

Donne 6 portions en plat principal

225 g (1/2 lb) de bœuf haché

120 ml (1/2 tasse) d'oignon, finement haché (1 oignon)

1 contenant de 425 g (15 oz) de ricotta fait de lait entier

360 ml (1 1/2 tasse) de mozzarella râpée

120 ml (1/2 tasse) de parmesan fraîchement râpé

30 ml (2 c. à table) de persil italien haché

2 gousses d'ail émincées

7 ml (1 1/2 c. à thé) de sel (ou au goût)

5 ml (1 c. à thé) de poivre noir fraîchement moulu (ou au goût)

15 ml (3 c. à thé) d'huile d'olive

1 boîte de 225 g (8 oz) de manicottis
    pour en tirer 12 pièces

360 ml (1 1/2 tasse) de « Sauce
    marinara » (page 59)

15 ml (1 c. à table) de beurre, coupé
    en morceaux

FAIRE CHAUFFER UNE POÊLE À FRIRE EN FONTE de grandeur moyenne à feu modéré. Ajouter le bœuf haché et l'oignon. Faire sauter 5 minutes ou jusqu'à ce que la viande soit brunie et que l'oignon soit translucide. Retirer du feu. Laisser refroidir quelque peu.

Entre-temps, dans un bol de format moyen, mélanger le ricotta, 240 ml (1 tasse) de mozzarella, 60 ml (1/4 tasse) de parmesan, le persil, l'ail, le sel et poivre. Y incorporer le mélange de viande. Réserver.

Badigeonner de 5 ml (c. à thé) d'huile d'olive une grande plaque à pâtisserie. Amener une grande marmite d'eau salée à ébullition. En travaillant par lots, y plonger les manicottis et les faire cuire 6 minutes ou jusqu'à ce qu'ils soient tendres mais encore fermes sous la dent. À l'aide d'une cuillère à égoutter, déplacer les manicottis de la marmite à la plaque à pâtisserie. Laisser refroidir.

Préchauffer le four à 175 °C (350 °F). Badigeonner un plat allant au four en pyrex de 32,5 cm x 22,5 cm x 5 cm (13 po x 9 po x 2 po) des derniers 10 ml (2 c. à thé) d'huile. À l'aide d'une cuillère, verser 125 ml (1/2 tasse) de sauce marinara dans le fond du plat. Remplir les manicottis du mélange de fromage et de viande. Déposer les pâtes farcies sur une seule couche dans le plat déjà préparé à cet effet. Toujours à la cuillère, verser les derniers 240 ml (1 tasse) de sauce marinara sur les manicottis. Saupoudrer les manicottis de 120 ml (1/2 tasse) de mozzarella et des derniers 60 ml (1/4 tasse) de parmesan râpé. Garnir de petites mottes de beurre. (À ce stade de la recette, les manicottis peuvent être préparés 8 heures d'avance. Les couvrir avant de les réfrigérer.)

Le moment venu, faire cuire les manicottis à découvert 35 minutes ou jusqu'à ce qu'ils soient bien réchauffés et que la sauce bouillonne au fond du plat. Laisser reposer les manicottis 5 minutes. Servir.

RAVIOLIS À LA CITROUILLE,
À LA SAUGE et aux noisettes grillées

Les raviolis à la citrouille sont certes plus à la mode durant la période s'éten-dant de l'halloween aux fêtes, alors que cette courge arrondie et volu-mineuse orne les maisons et inspire les cuisiniers. La sauce que je vous propose convient aussi pour d'autres raviolis farcis, mais la combinaison ci-trouille (ou n'importe quelle autre courge sucrée) et sauge est extraordinaire, particulièrement avec les saveurs de la muscade et des noisettes. Il s'agit d'un véritable mets saisonnier, un plat automnal, et ce, même pour les gens du sud de la Californie, où j'habite !

DONNE 4 PORTIONS EN PLAT PRINCIPAL

120 ml (1/2 tasse) de noisettes
Sel
30 ml (2 c. à table) d'huile
   végétale
450 g (1 lb) de raviolis frais à la
   citrouille
120 ml (1/2 tasse) ou 1 bâtonnet
   de beurre doux

6 feuilles de sauge fraîche,
   déchirées en morceaux
Une grosse pincée de muscade
   fraîchement râpée
120 ml (1/2 tasse) de parmesan
   fraîchement râpé
2 biscuits amaretti (macarons
   italiens)

PRÉCHAUFFER LE FOUR à 175 °C (350 °F). Mettre les noisettes sur une grande plaque à pâtisserie en fonte. Tout en les retournant de temps à autre, les faire griller au four 7 minutes ou jusqu'à ce qu'elles soient parfumées et d'un brun doré en leur centre. Laisser refroidir complètement. Pour retirer les peaux foncées des noix, les frotter dans les paumes des mains. Dans le bol du robot culinaire, de façon intermittente, hacher les noix grossièrement. Réserver.

Entre-temps, dans une grande marmite, amener l'eau salée à ébullition. Ajouter l'huile et les raviolis. Faire cuire ces derniers 4 minutes ou jusqu'à ce qu'ils flottent. À l'aide d'une cuillère à égoutter, déposer les raviolis dans un grand plat creux. Recouvrir d'un papier d'aluminium pour garder les raviolis au chaud.

Dans une petite poêle à frire en fonte, faire fondre le beurre à feu modéré 3 minutes ou jusqu'à ce qu'il commence à brunir. Ajouter la sauge. La frire 20 secondes ou jusqu'à ce qu'elle soit croustillante et parfumée. Retirer du feu. Incorporer la muscade. Verser la sauce sur les raviolis et saupoudrer de noisettes grillées et de parmesan. Râper finement les biscuits amaretti au-dessus des raviolis. Servir immédiatement.

Si vos raviolis ne sont pas farcis à la citrouille, omettez les noisettes grillées et les biscuits amaretti.

RAVIOLIS AUX CHAMPIGNONS
et aux épinards

Dans cette recette, vous allez préparer vous-même les raviolis — mais sans utiliser des pâtes fraîches ! Ne vous en faites pas, ce n'est vraiment pas difficile! De plus, vous aurez l'air d'un véritable chef ! Faites-moi confiance.

60 ml (1/4 tasse) plus 60 ml (4 c. à table) d'huile d'olive extravierge

170 g (6 oz) de champignons de Paris blancs, tranchés

2 ml (1/2 c. à thé) de sel (ou au goût)

2 ml (1/2 c. à thé) de poivre fraîchement moulu (ou au goût)

1 paquet de 280 g (10 oz) d'épinards congelés, hachés, dégelés et entièrement asséchés

80 ml (1/3 tasse) de parmesan fraîchement râpé, et un peu plus pour décorer

60 ml (1/4 tasse) de fromage mascarpone

60 ml (1/4 tasse) de farine tout usage (pour saupoudrer la plaque à pâtisserie)

1 paquet de pâte préparée pour pâtés impériaux (6)

1 gros œuf battu et 5 ml (1 c. à thé) d'eau

120 ml (1/2 tasse) de champignons assortis finement hachés (champignons café, bolets et shiitakes équeutés)

600 ml (2 1/2 tasses) de « Sauce marinara » (page 59)

DANS UNE GRANDE SAUTEUSE, faire chauffer 60 ml (1/4 tasse) d'huile à feu moyennement élevé. Ajouter les champignons blancs tranchés et saupoudrer de 2 ml (1/2 c. à thé) de sel et de la même quantité de poivre. Faire sauter 6 minutes ou jusqu'à ce que le liquide se soit évaporé des champignons. Incorporer les épinards. Faire sauter 2 minutes de plus. Déposer le mélange dans le bol d'un robot culinaire et, de façon intermittente, hacher le tout grossièrement. Transvaser le mélange d'épinards dans un grand bol et incorporer le parmesan et le fromage mascarpone. Goûter et rectifier l'assaisonnement.

Enfariner légèrement une plaque à pâtisserie. Disposer 3 lisières de pâte pour pâtés impériaux sur une planche à découper. Les badigeonner du mélange d'œuf et d'eau. À l'aide d'une cuillère à table, déposer 4 petites mottes du mélange d'épinards, en gardant 2,5 cm (1 po) d'espace entre elles, et ce, sur les 3 lisières de pâte. Recouvrir chacune avec une autre lisière et presser sur les pourtours de la garniture pour bien sceller les bords. À l'aide d'un emporte-pièce dentelé, découper les lisières pour obtenir 12 raviolis. Déposer les raviolis sur la plaque à pâtisserie préparée à cet effet et les recouvrir d'une serviette propre.

Dans une grande sauteuse en fonte, faire chauffer 30 ml (2 c. à table) d'huile à feu moyennement élevé. Ajouter les champignons hachés et les faire sauter 8 minutes ou jusqu'à ce qu'ils soient ramollis et que presque tout le liquide se soit évaporé. Ajouter délicatement la sauce marinara. Faire mijoter environ 5 minutes. Goûter et rectifier l'assaisonnement.

Dans une grande marmite, amener l'eau salée à ébullition. Ajouter les derniers 30 ml (2 c. à table) d'huile. Dans l'eau bouillante, 4 à la fois, faire cuire les raviolis 3 minutes ou jusqu'à ce qu'ils soient tendres (en travaillant par petits lots, les raviolis ne colleront pas les uns aux autres). À l'aide d'une cuillère à égoutter, répartir les raviolis dans 2 assiettes. Verser la sauce aux champignons sur les raviolis. Saupoudrer de parmesan. Servir immédiatement.

j'aime doubler la recette *et congeler les raviolis qui n'ont pas été cuits. Pour vous assurer qu'ils ne collent pas ensemble, doublez une tôle à biscuits avec du papier ciré ou une pellicule plastique et disposez-y les raviolis sur une seule couche. Placez au congélateur 15 minutes, puis mettez les raviolis dans des sacs de conservation à fermoir et retournez-les au congélateur. Au moment de servir, déposez les raviolis congelés dans de l'eau bouillante salée à laquelle vous aurez ajouté un peu d'huile, et faites-les cuire 3 minutes.*

RAVIOLIS AUX CHAMPIGNONS SAUVAGES, sauce basilic et pignons

Les raviolis aux champignons sauvages sont « mon coup de cœur » ; c'est pourquoi j'en ai toujours une boîte dans mon congélateur. Pendant que l'eau bout et que les raviolis cuisent — nul besoin de décongeler ces derniers — j'ai le temps de préparer la sauce. Ce plat exquis est prêt à servir en un éclair!

DONNE 4 PORTIONS EN PLAT PRINCIPAL

45 ml (3 c. à table) de pignons
Sel
1 paquet de 310 g (11 oz) de raviolis frais aux champignons sauvages
120 ml (1/2 tasse) ou 1 bâtonnet de beurre non salé
60 ml (1/4 tasse) de feuilles de basilic frais
1 ml (1/4 c. à thé) de poivre noir fraîchement moulu (ou au goût)
Une pincée de muscade fraîchement râpée
80 ml (1/3 tasse) de parmesan fraîchement râpé

PRÉCHAUFFER LE FOUR à 175 °C (350 °F). Placer les pignons sur une plaque à pâtisserie en fonte. Les faire griller au four 7 minutes ou jusqu'à ce qu'ils soient parfumés et que leur centre soit d'un beau brun pâle. Laisser refroidir.

Dans une grande marmite, amener l'eau salée à ébullition. Ajouter les raviolis et les faire bouillir 5 minutes ou au goût ; remuer de temps à autre. Égoutter.

Entre-temps, dans une grande poêle à frire en fonte, faire fondre le beurre 4 minutes à feu moyennement élevé ou jusqu'à ce qu'il soit doré. Ajouter les feuilles de basilic et les faire cuire 2 minutes ou jusqu'à ce qu'elles soient croustillantes. Incorporer 2 ml (1/2 c. à thé) de sel, 1 ml (1/4 c. à thé) de poivre et la muscade. Goûter et rectifier l'assaisonnement. Ajouter les raviolis cuits et les recouvrir doucement de la sauce. Répartir les raviolis dans 4 assiettes. Saupoudrer de parmesan et répartir les pignons. Servir.

PÂTES « SANS SAUCE »
de tous les jours

En Amérique, nous mangeons souvent des pâtes qui baignent dans un bol de sauce. En Italie, vous trouvez davantage de pâtes servies avec une sauce légère ; en fait, les Italiens adorent les plats où la texture et la saveur des pâtes sont aussi importantes que la sauce d'accompagnement. La clé de la réussite de ces pâtes « sans sauce », c'est de se servir de l'eau de cuisson. Il faut donc en conserver une petite quantité. Les recettes qui suivent utilisent le liquide de cuisson, qui est salé et légèrement amidonné, comme base pour lier les autres ingrédients et ainsi créer une sauce pleine de saveurs qui permet de tirer le meilleur parti de ce qui constitue un plat de pâtes : les pâtes elles-mêmes. Beaucoup de sauces tomate pourraient bénéficier de ce conseil. Un problème commun chez les cuisiniers à la maison, c'est de servir une sauce trop épaisse. La façon de remédier à cette situation est de conserver un peu de l'eau de cuisson des pâtes et de s'en servir pour éclaircir les sauces. Essayez ce truc, et vous serez agréablement surpris de la différence.

FARFALLES À LA SAUCISSE DE DINDE, aux pois et aux champignons

Traditionnellement, ce plat est préparé avec de la saucisse de porc. Cependant, pour l'alléger quelque peu, j'utilise de la saucisse à la dinde. Je vous promets que vous n'y verrez aucune différence.

DONNE 4 PORTIONS EN PLAT PRINCIPAL

120 ml (1/2 tasse) d'huile d'olive extravierge
450 g (1 lb) de saucisses italiennes à la dinde, les boyaux enlevés
280 g (10 oz) de champignons café, tranchés
3 ml (3/4 c. à thé) de sel (ou au goût)
3 ml (3/4 c. à thé) de poivre noir fraîchement moulu (ou au goût)
1 paquet de 280 g (10 oz) de pois congelés, légèrement dégelés
450 g (1 lb) de farfalles sèches (petits nœuds papillon)
120 ml (1/2 tasse) de parmesan fraîchement râpé

DANS UNE GRANDE SAUTEUSE, faire chauffer 30 ml (2 c. à table) d'huile à feu élevé. Ajouter la chair à saucisse et, tout en brisant les morceaux, la faire sauter 5 minutes ou jusqu'à ce qu'elle soit bien dorée. À l'aide d'une cuillère à égoutter, déposer la chair à saucisse dans une assiette. Réserver. Faire chauffer un autre 30 ml (2 c. à table) d'huile dans la même poêle. Ajouter les champignons, 2 ml (1/2 c. à thé) de sel et la même quantité de poivre. Faire sauter le tout 8 minutes ou jusqu'à ce que le liquide des champignons se soit évaporé. Incorporer les pois et faire sauter 2 minutes de plus. Remettre la chair à saucisse dans la sauteuse et la faire cuire 3 minutes ou jusqu'à ce qu'elle soit bien réchauffée et que les saveurs se soient bien mêlées.

Dans une grande marmite, amener l'eau salée à ébullition. Ajouter les farfalles. Tout en remuant de temps à autre, les faire cuire 8 minutes ou jusqu'à ce qu'elles soient *al dente*. Égoutter les pâtes et réserver 120 ml (1/2 tasse) d'eau de cuisson. Retourner les pâtes dans la marmite et y ajouter le mélange de viande. À feu modéré, tout en ajoutant juste assez d'eau de cuisson pour humidifier, bien mélanger et réchauffer le tout pendant environ 5 minutes. Verser en un mince filet ce qui reste d'huile. Goûter et rectifier l'assaisonnement. Retirer la sauteuse du feu. Ajouter le parmesan et bien mélanger. Déposer les pâtes dans un grand bol. Servir.

ORECCHIETTES À LA SAUCISSE ÉPICÉE
et au rapini

Cette recette démontre très bien qu'on n'a pas toujours besoin d'une sauce tomate pour savourer un excellent plat de pâtes. De plus, ce mets est délicieux à la température ambiante. Ainsi, il est parfait pour les pique-niques ou les buffets entre amis.

DONNE 4 PORTIONS EN PLAT PRINCIPAL

Sel

2 paquets de rapinis, les tiges taillées et coupées en quartiers
   dans le sens de la largeur

340 g (12 oz) d'orecchiettes sèches ou d'autres pâtes, par exemple
   des farfalles ou des pennes

45 ml (3 c. à table) d'huile d'olive

450 g (1 lb) de saucisses de porc épicées, les boyaux enlevés

3 gousses d'ail, émincées

Une pincée de piment de Cayenne broyé

60 ml (1/4 tasse) de parmesan fraîchement râpé

2 ml (1/2 c. à thé) de poivre noir fraîchement moulu

DANS UNE GRANDE MARMITE, amener l'eau salée à ébullition. Ajouter les rapinis et les faire cuire 1 minute ou jusqu'à ce qu'ils soient croustillants et tendres. Égoutter et réserver. Conserver toute l'eau de cuisson. Tout en remuant de temps à autre, faire bouillir les pâtes 8 minutes dans la même marmite d'eau salée ou jusqu'à ce qu'elles soient tendres mais encore fermes sous la dent. Égoutter et réserver 240 ml (1 tasse) d'eau de cuisson.

Entre-temps, dans une grande poêle à frire en fonte, faire chauffer l'huile à feu modéré. Ajouter la chair à saucisse et, tout en brisant les morceaux à l'aide d'une cuillère, la faire cuire 8 minutes ou jusqu'à ce qu'elle soit brunie et qu'un jus se forme au fond de la poêle. Incorporer l'ail et le piment de Cayenne broyé. Faire sauter 30 secondes jusqu'à ce que le tout soit parfumé. Ajouter les quartiers de rapini. Mélanger pour bien les enrober. Incorporer les pâtes et assez de liquide de cuisson réservé, en y allant de 60 ml (1/4 tasse) à la fois, pour humidifier. Ajouter le parmesan, le sel au goût et le poivre. Déposer dans des bols à pâtes. Servir.

PASTA PRIMAVERA

En italien, le mot primavera signifie « printemps », et c'est effectivement ce goût qui se dégage du présent plat. Cette recette a été créée dans un restaurant new-yorkais de grande renommée, Le Cirque. Dans les années 1970, l'idée d'une nourriture santé en était à ses premiers balbutiements ; avant-gardistes et conscients des répercussions de l'alimentation sur la santé, les patrons de cet établissement ont décidé d'élaborer des plats plus légers et plus sains à l'intention de leur clientèle. La version originale de ce plat exigeait un long travail de préparation ; en plus de couper les légumes en cubes, il fallait blanchir chacun d'eux dans des casseroles différentes. Dans la version présentée ici, je passe outre l'étape de blanchiment pour plutôt faire rôtir les légumes et ainsi obtenir un produit caramélisé, sucré et d'une saveur intense à chaque bouchée. Je vous suggère fortement de doubler la recette ; les pâtes sont encore meilleures après quelques jours de réfrigération.

DONNE 6 PORTIONS EN ENTRÉE

3 carottes pelées

2 courgettes moyennes ou 1 grosse

2 courges jaunes d'été

1 poivron jaune

1 poivron rouge

1 oignon, finement tranché

60 ml (1/4 tasse) d'huile d'olive

15 ml (1 c. à table) d'assaisonnement
  à l'italienne ou d'herbes de Provence

10 ml (2 c. thé) de sel kasher
  (ou au goût)

10 ml (2 c. à thé) de poivre noir
  fraîchement moulu (ou au goût)

450 g (1 lb) de farfalles (nœuds
  papillon)

15 tomates cerises, coupées en
  demies

180 ml (3/4 tasse) de parmesan râpé

PRÉCHAUFFER LE FOUR à 230 °C (450 °F). Couper les carottes, les courgettes, les courges et les poivrons en lanières de 5 cm (2 po) de longueur. Sur une grande plaque à pâtisserie robuste, mélanger les lanières de légumes, l'oignon, l'huile et les fines herbes. Enduire de 10 ml (2 c. à thé) de sel et de la même quantité de poivre. Transférer la moitié du mélange de légumes sur une autre grande plaque à pâtisserie robuste ; disposer les légumes de façon égale sur chacune des plaques. Faire cuire au four 20 minutes ou jusqu'à ce que les carottes soient tendres et que les autres légumes commencent à brunir ; remuer à mi-cuisson.

Entre-temps, dans une grande marmite, amener l'eau salée à ébullition. Ajouter les farfalles et, tout en remuant occasionnellement, les laisser bouillir 8 minutes ou jusqu'à ce qu'elles soit tendres mais fermes sous la dent. Égoutter les pâtes et réserver 1 tasse du liquide de cuisson. Mettre les pâtes dans un grand bol, les recouvrir avec les légumes cuits et bien mélanger. Ajouter les tomates cerises et suffisamment d'eau de cuisson pour humidifier. Goûter et rectifier l'assaisonnement.

Déposer les pâtes dans des bols. Saupoudrer de parmesan. Servir.

ZITIS AUX ASPERGES, à la mozzarella fumée et au prosciutto

Cette recette n'est pas tout à fait un plat italien de tous les jours, mais plutôt un repas italien qui se prépare en un éclair. Elle serait tout aussi réussie avec des pennes, mais je vous conseille d'essayez des pâtes tubulaires qui rappellent la forme des asperges. La présentation n'en sera que plus magnifique. Disons que les spaghettis ne donnent pas le même effet.

DONNE 4 PORTIONS EN ENTRÉE

Sel

225 g (8 oz) de zitis secs ou d'autres pâtes à forme tubulaire

450 g (16 oz) d'asperges, taillées en tronçons de 2,5 cm (1 po) et coupées en diagonale

30 ml (2 c. à table) d'huile d'olive

2 gousses d'ail, finement hachées

2 ml (1/2 c. à thé) de poivre noir fraîchement moulu (ou au goût)

85 g (3 oz) de mozzarella fumée, coupée en dés (environ 120 ml ou 1/2 tasse)

85 g (3 oz) de prosciutto tranché mince, coupé de travers en lanières

45 ml (3 c. à table) de basilic frais, finement tranché

AMENER UNE GROSSE MARMITE d'eau salée à ébullition. Ajouter les zitis et, tout en remuant souvent, les faire bouillir 5 minutes. Incorporer les asperges et poursuivre la cuisson 2 minutes ou jusqu'à ce que les pâtes soient *al dente* et que les asperges soient tendres et croustillantes. Égoutter les pâtes et les asperges, et réserver 240 ml (1 tasse) du liquide de cuisson.

Dans une grande poêle à frire en fonte, faire chauffer l'huile à feu modéré. Ajouter l'ail et le faire sauter 20 secondes ou jusqu'à ce qu'il dégage son parfum. Incorporer les pâtes, les asperges, 2 ml (1/2 c. à thé) de sel, la même quantité de poivre et le liquide de cuisson réservé. Bien mélanger pour enduire le tout. Retirer la poêle du feu. Ajouter la mozzarella, le prosciutto et le basilic. Mélanger de nouveau. Goûter et rectifier l'assaisonnement. Déposer les pâtes dans des bols creux. Servir.

SPAGHETTI AUX PALOURDES

Un spaghetti aux palourdes est bien différent d'un spaghetti qui baigne dans une sauce de palourdes. Contrairement au second, le premier est un plat léger avec une sauce parfumée regorgeant de palourdes entières. Selon moi, ce plat ne peut être présenté autrement… et il est tellement joli à voir sur la table ! Il n'y a rien de tel que ce mélange de coquilles et de pâtes pour vous mettre l'eau à la bouche. L'utilisation de moules ou de petites coques de Nouvelle-Zélande, dont la forme est raffinée et le goût délicat, donne une élégante version de ce plat.

DONNE 4 PORTIONS EN PLAT PRINCIPAL

Sel

450 g (1 lb) de pâtes à spaghetti
   sèches

120 ml (1/2 tasse) d'huile d'olive
   extravierge

2 oignons verts, finement hachés

5 gousses d'ail émincées

1,1 kg (2 1/2 lb) de palourdes Manilla,
   bien brossées

120 ml (1/2 tasse) de vin blanc sec

120 ml (1/2 tasse) de persil italien,
   haché

2 ml (1/2 c. à thé) de sel de mer

2 ml (1/2 c. à thé) de poivre noir
   fraîchement moulu

30 ml (2 c. à table) de beurre non salé

Zeste frais d'un citron râpé

AMENER UNE GROSSE MARMITE d'eau salée à ébullition. Ajouter les spaghettis et, tout en remuant constamment au début de la cuisson pour éviter qu'ils ne collent, les faire bouillir 8 minutes ou jusqu'à ce qu'ils soient fermes sous la dent.

Entre-temps, dans une grande sauteuse, faire chauffer l'huile à feu modérément élevé. Lorsque l'huile est prête, ajouter les oignons verts et les faire sauter 3 minutes ou jusqu'à ce qu'ils soient tendres. Incorporer l'ail et faire sauter le tout 3 minutes ou jusqu'à ce que l'ail soit d'un brun doré et que les oignons verts soient translucides (attention à ne pas brûler l'ail). Ajouter les palourdes, le vin, 30 ml (2 c. à table) de persil, 2 ml (1/2 c. à thé) de sel et la même quantité de poivre. Couvrir et laisser mijoter 6 minutes ou jusqu'à ce que presque toutes les palourdes soient ouvertes (jeter tous les mollusques non ouverts). Ajouter le beurre et fouetter pour épaissir légèrement la sauce.

Égoutter les spaghettis et réserver 80 ml (1/3 de tasse) du liquide de cuisson. Ne pas passer les spaghettis sous l'eau ; l'amidon naturel aidera la sauce à bien adhérer aux spaghettis. Brasser les pâtes avec le mélange de palourdes de la sauteuse afin de bien les enduire. Ajouter suffisamment de liquide de cuisson pour humidifier.

Déposer les pâtes dans un grand bol de service. Saupoudrer du zeste de citron. Décorer avec le reste des feuilles de persil. Servir immédiatement.

PETITES GÂTERIES
de tous les jours

Je serai franche avec vous : les recettes qui suivent ne sont pas conçues pour les personnes qui suivent un rédime alimentaire. Mais les petits excès sont parfois permis, et je crois qu'il n'y a rien de plus élégant qu'un magnifique plat de pâtes bien présenté. Alors, pour une occasion spéciale, offrez-vous ce qu'il y a de mieux et faites-vous plaisir.

PENNE ALLA CARBONARA

Il n'y a qu'une chose que je puisse dire à propos de ce plat : il est tellement bon que vous n'en reviendrez pas.

Donne 4 portions en plat principal

30 ml (2 c. à table) d'huile d'olive

450 g (1 lb) de pancetta, coupée en cubes de 2,5 cm (1 po)

2 ml (1/2 c. à thé) de poivre noir fraîchement moulu (ou au goût)

6 gros oeufs, à la température ambiante

120 ml (1/2 tasse) de crème riche en matière grasse, à la température ambiante

300 ml (1 1/4 tasse) de parmesan fraîchement râpé

2 ml (1/2 c. à thé) de sel de mer (ou au goût)

450 g (1 lb) de pennes sèches

30 ml (2 c. à table) de persil italien frais, haché

DANS UNE GRANDE SAUTEUSE, faire chauffer l'huile à feu modéré. Lorsque l'huile est prête, ajouter la pancetta et la faire sauter 5 minutes ou jusqu'à ce qu'elle soit dorée et croustillante. Incorporer 1 ml (1/4 c. à thé) de poivre noir. Retirer la poêle du feu.

Dans un bol de format moyen, battre les oeufs et la crème. Incorporer 60 ml (1/4 tasse) de parmesan râpé, 2 ml (1/2 c. à thé) de sel de mer et 1 ml (1/4 c. à thé) de poivre noir.

Entre-temps, amener à ébullition l'eau d'une grande marmite. Ajouter les pennes et, tout en remuant occasionnellement, les faire bouillir 8 minutes ou jusqu'à ce que les pâtes soient fermes sous la dent. Égoutter et réserver 240 ml (1 tasse) du liquide de cuisson. Ne pas passer les pâtes sous l'eau ; l'amidon naturel aidera la sauce à bien adhérer aux pennes.

Pendant que les pâtes sont très chaudes, les remettre dans la marmite et vitement y mêler la pancetta brunie, puis le mélange à la crème. Il est très important de procéder rapidement pour que le mélange de crème cuise plutôt que de se coaguler. Recouvrir du reste de parmesan (240 ml ou 1 tasse) et de persil haché. Goûter et rectifier l'assaisonnement. Déposer les pâtes dans des bols. Servir.

Si vous ne trouvez pas de **pancetta**, utilisez du bacon.

FETTUCCINE ALFREDO

Cette fameuse sauce a été nommée en l'honneur de son créateur, Alfredo Di Lelio. Ce dernier l'a inventée pour son épouse qui avait perdu l'appétit après la naissance de leur fils. Le plat d'Alfredo était composé de riches fettuccines aux oeufs, de beurre et de fromage Parmigiano-Reggiano ; le même plat a également connu un vif succès dans le restaurant (Alfredo's) de son inventeur, à Rome. En 1927, deux acteurs d'Hollywood (l'histoire ne divulgue pas leurs noms) sont tombés en amour avec cette sauce et ont importé la recette aux États-Unis. Toutefois, celle-ci a dû subir quelques modifications car, à l'époque, le beurre et le parmesan disponibles n'étaient pas aussi riches que ceux que l'on trouvait en Italie. Alors, les chefs ont remédié à la situation en ajoutant plus de crème riche en matière grasse. J'ai moimême mis ma petite touche personnelle à cette sauce en y incorporant du jus et du zeste de citron. Cette recette nécessite des pâtes fraîches, les pâtes sèches ne pouvant être à la hauteur de tous les riches ingrédients qu'elle contient.

DONNE 6 PORTIONS EN ENTRÉE

360 ml (1 1/2 tasse) de crème riche en matière grasse
60 ml (1/4 tasse) de jus frais de citron (environ 1 citron)
90 ml (6 c. à table) de beurre non salé
5 à 10 ml (1 à 2 c. à thé) de zeste de citron râpé (environ 1 citron)
Une pincée de muscade fraîchement râpée
Sel
280 g (9 oz) de fettucines frais
240 ml (1 tasse) de parmesan râpé
1 ml (1/4 c. à thé) de poivre fraîchement moulu (ou au goût)

DANS UNE GRANDE poêle à frire, incorporer 240 ml (1 tasse) de crème et le jus de citron. Bien mélanger. Ajouter le beurre et, tout en remuant occasionnellement, faire chauffer 3 minutes à feu modéré ou jusqu'à ce que le beurre soit fondu. Incorporer le zest de citron et la muscade. Retirer du feu.

Entre-temps, dans une grande marmite, amener l'eau salée à ébullition. Ajouter les fettucines et, tout en brassant de temps à autre, faire bouillir 4 minutes ou jusqu'à ce que les pâtes soient fermes sous la dent. Égoutter. Incorporer les pâtes, les derniers 120 ml (1/2 tasse) de crème, le parmesan, 1 ml (1/4 c. à thé) de sel et la même quantité de poivre au contenu de la grande poêle. À feu doux, bien mélanger durant 1 minute ou jusqu'à ce que la sauce ait légèrement épaissi. Goûter et rectifier l'assaisonnement. Déposer les pâtes dans de grands bols creux. Servir immédiatement.

RIGATONIS AU FOUR
à la sauce béchamel

De façon traditionnelle, ce mets se sert comme plat principal et, lorsque j'étais jeune, c'est de cette façon que je l'aimais. Mais de nos jours, dans un monde conscientisé aux problèmes de santé, il convient très bien en entrée ou en mets d'accompagnement avec quelque chose de plus léger et de plus frais — par exemple, du poisson grillé avec un filet de jus de citron ou de la viande grillée. Un plat de pâtes aussi crémeux et riche que celui-ci est tout ce qu'il vous faut pour vous amener au septième ciel, faisant de votre salle à manger un lieu de délices.

DONNE 6 PORTIONS EN METS D'ACCOMPAGNEMENT

5 ml (1 c. à thé) d'huile d'olive
1 L (4 tasses) de « Sauce béchamel » (page 79)
225 g (1/2 lb) de prosciutto tranché mince, coupé en lanières dans le sens de la largeur
240 ml (1 tasse) de fromage fontina fraîchement râpé
2 ml (1/2 c. à thé) de sel (ou au goût)
Une pincée de poivre blanc fraîchement moulu (ou au goût)
450 g (1 lb) de pâtes à rigatoni sèches
45 ml (3 c. à table) de beurre non salé, coupé en dés

PRÉCHAUFFER LE FOUR à 220 °C (425 °F). Légèrement enduire d'huile un plat en pyrex de 32,5 cm x 22,5 cm (13 po x 9 po) allant au four. Dans une casserole, faire chauffer la sauce béchamel à feu modéré jusqu'à ce qu'elle soit très chaude (elle ne doit pas bouillir). Incorporer le prosciutto, 120 ml (1/2 tasse) du fromage fontina, 2 ml (1/2 c. à thé) de sel et une pincée de poivre blanc. Réserver la sauce au fromage.

Dans une grande marmite, amener l'eau salée à ébullition. Ajouter les rigatonis et, tout en remuant de temps à autre, faire bouillir les pâtes 5 minutes ou jusqu'à ce qu'elles soient tendres mais encore très fermes. (Ne pas cuire entièrement les pâtes à ce stade-ci puisque la cuisson se poursuivra au four). Égoutter les pâtes et les remettre dans la marmite. Incorporer la sauce au fromage. Goûter et rectifier l'assaisonnement.

À l'aide d'une cuillère, verser le mélange de pâtes dans le plat préparé à cet effet. Saupoudrer les derniers 120 ml (1/2 tasse) de fromage fontina et garnir de petites mottes de beurre. (Les pâtes peuvent être préparées 8 heures à l'avance à ce stade de la recette. Les couvrir avant de réfrigérer.) Faire cuire le plat de pâtes au four 25 minutes ou jusqu'à ce que le dessus soit bien doré et que des bulles se forment en surface. Servir immédiatement.

Restes
DE PÂTES

Un jour ou l'autre, chacun d'entre nous a vécu l'expérience de faire cuire trop de pâtes. On en fait bouillir tout un paquet, on les égoutte et on se retrouve soudain avec une quantité astronomique de pâtes, en ce qu'il davantage que ce qu'on peut manger immédiatement. Ne soyez pas désespéré et surtout ne jetez pas vos restes de pâtes. Faites comme les Italiens, qui sont très créatifs lorsque vient le moment de recycler les restes, et essayez les recettes suivantes.

PIZZA DI SPAGHETTI

Comme une pizza, ce mets est croustillant à l'extérieur mais tendre à l'intérieur. Presque toutes les formes de pâtes accompagnées d'une sauce quelconque feront l'affaire ; cependant, si vous voulez vous en tenir à la recette originale, vous aimerez les restes préparés de la manière suivante.

DONNE 4 PORTIONS EN METS D'ACCOMPAGNEMENT

240 ml (1 tasse) de parmesan fraîchement râpé, et un peu plus pour
    la décoration
120 ml (1/2 tasse) de lait
2 gros œufs
2 ml (1/2 c. à thé) de sel de mer
2 ml (1/2 c. à thé) de poivre noir fraîchement moulu
480 ml (2 tasses) de restes de pâtes (cuites) et leur sauce, comme un
    spaghetti « Sauce tomate aux olives » (page 60)
120 ml (1/2 tasse) d'huile d'olive

DANS UN GRAND BOL, battre 240 ml (1 tasse) de parmesan avec le lait, les œufs, le sel de mer et le poivre. Ajouter les restes de pâtes et mélanger pour bien les enrober.

Dans une sauteuse à revêtement antiadhésif de 25 cm (10 po), faire chauffer l'huile à feu modéré. Ajouter le mélange de pâtes à la poêle et l'étendre également. Faire cuire les pâtes 8 minutes ou jusqu'à ce que le dessous soit doré. En procédant délicatement, renverser le mélange de pâtes dans une assiette. Le remettre dans la poêle en le glissant doucement de l'assiette. Poursuivre la cuisson 6 minutes ou jusqu'à ce que le dessous des pâtes soit doré et que le mélange soit complètement réchauffé. Déposer le mélange de pâtes dans un plat de service. Saupoudrer de parmesan. Couper en pointes et servir chaud.

TORTA DI PASTA

La traduction littérale de Torta di Pasta est « gâteau de pâtes ». Ce que j'aime particulièrement de cette recette, c'est qu'elle donne de délicieuses petites bouchées dont vos invités se régaleront. Tous les ingrédients se lient ensemble et peuvent se découper facilement en portions individuelles. De plus, on peut servir le tout à la température ambiante. J'imagine que vous n'oserez pas annoncer à vos invités que leurs hors-d'oeuvre sont faits des restes de la veille ; de toute façon, ils n'y verraient aucune différence tellement ces bouchées sont délicieuses.

DONNE 6 PORTIONS EN HORS-D'OEUVRE OU 4 PORTIONS EN PLAT PRINCIPAL

Sel
225 g (8 oz) de pâtes à spaghetti sèches ou de restes de pâtes cuites
120 ml (1/2 tasse) de tomates séchées au soleil, égouttées et hachées
4 gros œufs
180 ml (3/4 tasse) de parmesan fraîchement râpé
180 ml (3/4 tasse) de fromage fontina fraîchement râpé
7 ml (1 1/2 c. à thé) de sel
2 ml (1/2 c. à thé) de poivre noir fraîchement moulu
15 ml (1 c. à table) de beurre non salé
15 ml (1 c. à table) d'huile d'olive

SI DES PÂTES SÈCHES SONT UTILISÉES, faire bouillir l'eau salée dans grande marmite. Ajouter les spaghettis et, tout en remuant occasionnellement, les faire bouillir 8 minutes ou jusqu'à ce qu'ils soit tendres mais encore fermes sous la dent. Égoutter. Dans un grand bol, mélanger les spaghettis et les tomates séchées au soleil. Laisser refroidir.

Dans un bol de format moyen, fouetter les œufs, les fromages parmesan et fontina, 7 ml (1 1/2 c. à thé) de sel et le poivre. Bien mélanger. Incorporer le mélange d'œufs aux pâtes refroidies. Brasser pour bien enduire les pâtes.

Préchauffer le gril. Dans une poêle à frire à revêtement antiadhésif de 23,75 cm (9 1/2 po) allant au four, faire fondre le beurre et chauffer l'huile à feu modéré. Déposer le mélange de spaghettis dans la poêle et le presser pour obtenir une épaisseur uniforme. Le faire cuire 3 minutes ou jusqu'à ce que le dessous soit doré. Transférer la poêle dans le four et faire griller la préparation 5 minutes ou jusqu'à ce que le dessus soit doré. Garder la torta dans la poêle et la laisser refroidir à la température ambiante. La déposer à l'envers dans un plat de service. Couper la torta en pointes et servir à la température ambiante.

POLENTA
de tous les jours

« Qu'est-ce que la polenta ? », me demanderez-vous. C'est de la semoule de maïs (du maïs broyé) qui est cuite dans un liquide jusqu'à ce qu'elle gonfle. La polenta constitue la version italienne des pommes de terre en purée. Servie très chaude, elle accompagne merveilleusement bien les viandes ou les ragoûts ; on peut la faire frire pour en faire des bâtonnets à tremper dans la sauce marinara ou la faire cuire au four et la napper de n'importe quelle sauce. En fait, il y a de multiples façons de la servir. La polenta est facile à faire, mais la façon traditionnelle de la cuire demande un peu de muscle, car vous devez brasser constamment de 30 à 40 minutes. « C'est long », direz-vous ! Pour économiser du temps, j'achète souvent de la polenta instantanée ; le produit est partiellement cuit, ce qui signifie que la moitié du travail est déjà fait.

POLENTA CLASSIQUE

Voici la recette de base, la version primaire de la polenta. C'est le mets d'accompagnement idéal pour un ragoût longuement mijoté. Vous pouvez aussi napper la polenta de votre sauce préférée. J'avoue avoir un faible pour la bolognaise.

DONNE 6 PORTIONS EN METS D'ACCOMPAGNEMENT

1,4 L (6 tasses) d'eau
10 ml (2 c. à thé) de sel
420 ml (1 3/4 tasse) de semoule de maïs
45 ml (3 c. à table) de beurre non salé, coupé en morceaux

DANS UN GRANDE casserole en fonte, amener l'eau à ébullition. Ajouter le sel et, tout en fouettant, incorporer graduellement la semoule de maïs. Régler le feu à faible intensité et, tout en brassant souvent, faire cuire 15 minutes ou jusqu'à ce que le mélange ait épaissi et que la semoule de maïs soit tendre. Retirer du feu et incorporer le beurre.

Déposer la polenta dans un bol. Servir.

POLENTA FRITE

Croyez-moi, cette polenta est meilleure que les pommes de terre frites — et elle est super comme casse-croûte ou servie en hors-d'oeuvre. Vous pouvez utiliser n'importe quelle sauce à trempette, mais la sauce marinara demeure, à mon avis, la meilleure de toutes.

DONNE 30 MORCEAUX

5 ml (1 c. à thé) plus 120 ml (1/2 tasse) d'huile d'olive

720 ml (3 tasses) de « Polenta classique » (page 121), fraîchement faite et chaude

60 ml (1/4 tasse) de parmesan fraîchement râpé

10 ml (2 c. à thé) de sel

240 ml (1 tasse) de « Sauce marinara » (page 59)

ENDUIRE UN PLAT de 27,5 cm x 17,5 cm (11 po x 7 po) allant au four de 5 ml (1 c. à thé) d'huile. Déposer la polenta encore toute chaude dans le plat en l'étendant pour avoir une épaisseur uniforme de 2 cm (3/4 po). La couvrir et la réfrigérer 2 heures pour obtenir une consistance plus ferme.

Préchauffer le four à 120 °C (250 °F). Couper la polenta en morceaux de 5 cm x 2,5 cm (2 po x 1 po). Dans une grande poêle à frire en fonte, faire chauffer 120 ml (1/2 tasse) d'huile à feu moyennement élevé. En travaillant par lots, faire frire les morceaux de polenta 3 minutes par côté ou jusqu'à ce qu'ils soient dorés sur toutes les faces. À l'aide d'une pince, déposer les morceaux de polenta sur des essuie-tout et les essorer. Les placer ensuite sur une plaque à pâtisserie et les garder au chaud au four pendant la cuisson des autres lots.

Déposer les morceaux de polenta dans un plat de service. Saupoudrer de parmesan et de sel. Servir en accompagnement avec la sauce marinara.

Lorsque je fais la **polenta**, j'aime utiliser une **casserole en fonte à fond épais**,

ce qui me permet de la cuire **uniformément**
et m'aide à faire ressortir la **riche et
crémeuse** saveur du **maïs sucré.**

POLENTA AU FOUR

J'utilise la polenta instantanée pour cette recette ; elle donne d'excellents résultats et tous mes invités s'en régalent lors des petites fêtes que je donne. Je convie six amis à dîner et je leur sers des pointes de polenta accompagnées de trois sauces : une « Bolognaise simple » (page 65), une « Sauce tomate épicée » (page 62) et le « Ragoût de champignons » (page 80). Mes invités garnissent leurs bouchées de la sauce de leur choix, et voici une façon fort agréable de recevoir les amis.

Donne 6 portions en mets d'accompagnement ou 4 portions en plat principal

10 ml (2 c. à thé) d'huile végétale
1,4 L (6 tasses) d'eau froide
5 ml (1 c. à thé) de sel de mer
5 ml (1 c. à thé) de poivre noir fraîchement moulu
1 paquet de 390 ml (13 oz) de polenta instantanée

PRÉCHAUFFER LE FOUR À 175 °C (350 °F). Huiler légèrement une plaque à pâtisserie de 27,5 cm x 17,5 cm (11 po x 7 po) et la chemiser par la suite de papier ciré.

Dans une grande marmite, mélanger l'eau, le sel de mer et le poivre. Amener à ébullition. Réduire le feu à intensité moyennement élevée et ajouter délicatement la polenta. Mélanger la polenta jusqu'à ce qu'elle soit épaisse et lisse, soit environ 5 minutes. Verser la polenta sur la plaque à pâtisserie préparée, et la faire cuire au four 15 minutes ou jusqu'à ce qu'elle soit légèrement ferme au toucher. Retirer du four et laisser refroidir quelque peu. Lorsque la polenta a suffisamment refroidi pour être manipulée, la couper selon la forme désirée, par exemple en triangles, en carrés, en losanges, voire en cercles.

POLENTA CRÉMEUSE
au gorgonzola

Cette délicieuse polenta se veut une alternative intéressante à la pomme de terre en purée. Pour la faire, vous pouvez utiliser n'importe quelle sorte de fromage qui fond facilement. Mon fromage préféré pour cette recette est le gorgonzola, le roi des fromages bleus italiens. Il est disponible en deux saveurs, la version douce (dolce) et la version un peu piquante (piccante) ; vous n'avez que l'embarras du choix. Dans les épiceries fines, demandez à goûter aux deux variétés avant de fixer votre choix. Si vous ne trouvez pas de gorgonzola et que vous désirez tout de même essayer cette recette, utilisez tout bon fromage bleu comme le Roquefort, le stilton ou le Bleu d'Auvergne.

6 PORTIONS EN PLATS D'ACCOMPAGNEMENT

180 ml (3/4 tasse) de crème riche en matière grasse
85 g (3 oz) de fromage gorgonzola, coupé en morceaux
1 ml (1/4 c. à thé) de sel (ou au goût)
1 ml (1/4 c. à thé) de poivre fraîchement moulu (ou au goût)
Recette de « Polenta classique » (page 121), fraîchement faite et
  très chaude

AJOUTER LA CRÈME, le gorgonzola, le sel et la même quantité de poivre à la polenta fraîchement faite pendant qu'elle est toujours dans la casserole. Remuer pour faire fondre le fromage. Goûter et rectifier l'assaisonnement. Déposer la polenta dans un bol. Servir.

RISOTTO
de tous les jours

La première chose qui nous vient en tête lorsque nous pensons à la cuisine italienne, ce sont les pâtes alimentaires. Or, en Italie, le risotto est tout aussi populaire que les pâtes. À l'image de ces dernières, le riz est un aliment neutre que vous pouvez apprêter de diverses façons. Le premier secret pour réussir un bon risotto, c'est le riz. L'arborio, une variété de riz à petits grains, est celui que je préfère pour obtenir un risotto crémeux et velouté. Le second secret, c'est l'ajout graduel de liquide de cuisson. Contrairement à toutes les autres recettes de riz, le risotto n'a pas de règles établies quant aux quantités requises de riz et de liquide de cuisson. Vous n'avez qu'à ajouter le liquide en petites quantités et à remuer pour permettre au riz d'absorber le liquide, ce qui prend environ 20 minutes. Alors, comme vous le voyez, le risotto n'est pas le genre de plat que vous pouvez servir à la dernière minute. Je ne crois pas que vous ayez le goût de remuer votre riz d'une main et de faire sauter votre poulet de l'autre. C'est pourquoi j'aime servir le risotto en accompagnement d'un plat qui cuit au four, par exemple un ragoût mijoté, un bœuf braisé ou un rôti.

RISOTTO CLASSIQUE

Voici la recette classique du risotto, ce qui ne veut pas dire qu'elle n'est pas délicieuse : ce plat rend hommage au goût croustillant et à la texture crémeuse du risotto ainsi qu'à la saveur de noisette du parmesan. J'aime servir cette version de base comme mets d'accompagnement lorsque le plat principal a une saveur très prononcée ou qu'il est nappé d'une sauce assaisonnée ; la simplicité de ce plat de riz contrebalance la complexité du plat de résistance.

DONNE 6 PORTIONS EN METS D'ACCOMPAGNEMENT

1 L (4 tasses) de bouillon de poulet à faible teneur en sodium
45 ml (3 c. à table) de beurre
180 ml (3/4 tasse) d'oignon finement haché (1 oignon)
360 ml (1 1/2 tasse) de riz arborio ou de riz blanc à grains moyens
120 ml (1/2 tasse) de vin blanc sec
120 ml (1/2 tasse) de parmesan fraîchement râpé
2 ml (1/2 c. à thé) de sel
1 ml (1/4 c. à thé) de poivre noir fraîchement moulu

DANS UNE CASSEROLE DE FORMAT MOYEN, faire mijoter le bouillon. Couvrir le bouillon et le garder chaud à feu doux.

Dans une grande casserole, faire fondre 30 ml (2 c. à table) de beurre à feu modéré. Ajouter l'oignon et le faire sauter 3 minutes ou jusqu'à ce qu'il soit tendre mais pas bruni. Incorporer le riz et brasser pour l'enduire de beurre. Ajouter le vin et le laisser mijoter 3 minutes ou jusqu'à ce qu'il soit presque complètement évaporé. Incorporer 120 ml (1/2 tasse) du bouillon très chaud et remuer le tout 2 minutes ou jusqu'à ce que le bouillon soit presque complètement absorbé. Poursuivre la cuisson du riz en ajoutant 120 ml (1/2 tasse) de bouillon chaque fois ; remuer constamment pour permettre au bouillon d'être absorbé avant d'ajouter plus de liquide. Procéder ainsi 20 minutes ou jusqu'à ce que le riz soit tendre mais ferme sous la dent et que le mélange soit crémeux. Retirer du feu. Incorporer le parmesan, les derniers 15 ml (1 c. à table) de beurre, le sel et le poivre. Déposer le risotto dans un grand bol. Servir immédiatement.

Vous pouvez ajouter à peu près n'importe quoi au rizotto de base : du prosciutto, des légumes (par exemple, des pois), des fruits de mer (par exemple,
des crevettes), des fines herbes ou d'autres assaisonnements (par exemple,
le safran). La recette qui suit est l'une de mes variations préférées sur le thème
du risotto classique, soit celle aux champignons sauvages et aux pois.
Habituellement, vous ne voulez pas que les ingrédients complémentaires
cuisent avec le riz durant 30 minutes, ce qui les rendrait trop cuits, durs, secs

et sans saveur. Alors, il vous suffit de les
faire cuire séparément. Donc, deux scé-
narios s'offrent à vous : 1) pour ne pas salir
trop de vaisselle, faire cuire les ingrédients
complémentaires en premier et utiliser la
même poêle pour faire cuire le riz ; 2) pour
ne pas perdre de temps, utiliser deux
poêles, et faire cuire le rix et les ingrédients
complémentaires en même temps.

RISOTTO AUX CHAMPIGNONS SAUVAGES
et aux pois

Dans ce risotto, les champignons dégagent un goût intense en raison non seulement de leur présence dans le mélange, mais aussi du fait que le risotto cuit dans un bouillon parfumé aux champignons. Et comment trouver un tel bouillon ? Il s'agit de se procurer des champignons séchés, que ce soit des bolets comestibles (porcini) ou n'importe quelle autre sorte de champignons séchés et de les faire tremper dans de l'eau très chaude pendant quelques minutes afin qu'ils absorbent suffisamment d'eau pour se gonfler. Les champignons seront alors prêts à être cuits et il ne vous restera qu'à conserver le liquide de trempage. Dans la présente recette, le liquide de trempage sert à rehausser le goût du bouillon de poulet, mais vous pouvez vous en servir comme base pour une soupe ou une sauce.

DONNE 6 PORTIONS EN METS D'ACCOMPAGNEMENT

1,4 L (5 3/4 tasses) de bouillon de poulet en conserve à faible teneur en sodium

14 g (1/2 oz) de bolets comestibles déshydratés

60 ml (1/4 tasse) ou 1/2 bâtonnet de beurre non salé

480 ml (2 tasses) d'oignons finement hachés

280 g (10 oz) de champignons de Paris blancs, finement hachés

2 gousses d'ail, émincées

360 ml (1 1/2 tasse) de riz arborio ou de riz blanc à grains moyens

160 ml (2/3 tasse) de vin blanc sec

120 ml (1/2 tasse) de pois congelés, puis dégelés

160 ml (2/3 tasse) de parmesan fraîchement râpé

Sel, et poivre noir fraîchement moulu

AMENER LE BOUILLON à mijoter doucement dans une casserole en fonte de format moyen. Ajouter les bolets comestibles. Couvrir et laisser de côté 5 minutes ou jusqu'à ce que les champignons soient tendres. À l'aide d'une cuillère à égoutter, retirer les champignons. Les hacher finement. Couvrir le bouillon et le garder chaud sur un feu doux.

À feu modéré, faire fondre le beurre dans un grande casserole en fonte. Ajouter les oignons et les faire sauter 8 minutes ou jusqu'à ce qu'ils soient tendres. Incorporer les champignons de Paris blancs, les bolets et l'ail. Faire sauter le tout 10 minutes ou jusqu'à ce que les champignons soient tendres et que leur jus se soit évaporé. Ajouter le riz, puis le vin. Tout en brassant fréquemment, faire cuire 2 minutes ou jusqu'à ce que le liquide soit absorbé. Verser 240 ml (1 tasse) de bouillon très chaud. Tout en remuant souvent, laisser mijoter 3 minutes à feu moyennement doux ou jusqu'à ce que le liquide soit absorbé. Tout en remuant fréquemment et en ajoutant de pleines tasses de bouillon, poursuivre la cuisson pendant 28 minutes ou jusqu'à ce que le riz soit tendre et que le mélange soit crémeux. Incorporer les pois. Ajouter le parmesan et le mélanger au riz. Assaisonner au goût avec du sel et du poivre.

RISOTTO AL SALTO
(gâteau au riz)

La présente recette vous offre une excellente façon d'utiliser les restes de risotto pour obtenir un casse-croûte fantastique.

DONNE 4 PORTIONS EN HORS-D'ŒUVRE

**480 ml (2 tasses) de « Risotto aux champignons sauvages et aux pois »
(page 131) froid
60 ml (1/4 tasse) plus 30 ml (2 c. à table) de parmesan fraîchement râpé
15 ml (1 c. à table) de beurre non salé
15 ml (1 c. à table) d'huile d'olive**

DANS UN BOL de format moyen, incorporer le risotto et 60 ml (1/4 tasse) de parmesan râpé. Bien mélanger. Dans une poêle à frire en fonte, à feu moyennement doux, faire chauffer le beurre et l'huile. Ajouter le risotto dans la poêle et en presser le dessus pour obtenir un disque de 17,25 cm (7 po) de diamètre. Saupoudrer les derniers 30 ml (2 c. à table) de parmesan sur le gâteau au risotto. Couvrir et faire cuire 10 minutes. Poursuivre la cuisson à découvert 5 minutes de plus ou jusqu'à ce que le gâteau soit doré en dessous et que les côtés soient pris. À l'aide d'une spatule de métal, démouler le gâteau de risotto du pourtour de la poêle. Le faire glisser dans une assiette. Couper en pointes et servir.

ARANCINI DI RISO

Arancini di Riso signifie « petites boules de riz à l'orange » — à l'orange parce que le risotto traditionnel est fait avec du safran (une version appelée Risotto Milanese)*, ce qui lui donne une légère touche d'orange. Cette recette est encore une des brillantes façons dont les Italiens recyclent les restes.*

DONNE ENVIRON 20 BOULES

480 ml (2 tasses) de « Risotto classique » (page 128), froid
360 ml (1 1/2 tasse) de chapelure assaisonnée à l'italienne
120 ml (1/2 tasse) de parmesan râpé
2 gros œufs battus
57 g (2 oz) de mozzarella, coupée en cubes de 1,25 cm (1/2 po)
Huile végétale (pour la grande friture)

DANS UN GRAND BOL, déposer le risotto, 120 ml (1/2 tasse) de chapelure, le parmesan et les œufs. Bien mélanger. Dans un bol de format moyen, déposer les derniers 240 ml (1 tasse) de chapelure. En utilisant environ 30 ml (2 c. à table) du mélange de risotto, créer une boule d'environ 4 cm (1 3/4 po) de diamètre autour de chaque cube de fromage mozzarella. Rouler les boules dans ce qui reste de chapelure pour bien les enrober.

Dans une grande casserole en fonte, ajouter 7,5 cm (3 po) d'huile et chauffer à feu moyen pour atteindre une température de 175 °C (350 °F). En travaillant par lots, y déposer les boules de riz et les faire cuire 4 minutes ou jusqu'à ce qu'elles soient bien dorées. À l'aide d'une cuillère à égoutter, transférer les boules de riz sur un papier essuie-tout afin de les éponger. Laisser reposer 2 minutes. Servir très chaud.

plats de résistance

de tous les jours

GRILLADES ET SAUTÉS DE TOUS LES JOURS

Crevettes géantes grillées • Langoustines sur couscous •
Salade de fruits de mer grillés • Steaks de thon grillés •
Bifteck de faux-filet, salade de roquette et de poivrons
rôtis • Steak à la florentine • Côtelettes d'agneau grillées

ESCALOPES DE TOUS LES JOURS

Poulet parmesan • Poulet picatta • Poulet saltimbocca •
Veau Marsala • Porc milanais • Braciola

RÔTIS DE TOUS LES JOURS

Vivaneau au romarin • Saumon en papillote • Longe
de porc et sauce aux figues • Poulet au vinaigre
balsamique • Dinde tonnato • Farce de dinde de
tante Raffy

RAGOÛTS ET SAUCES DE TOUS LES JOURS

Poulet spezzatino • Poulet cacciatore • Crevettes fra
diavolo • Moules, palourdes et crevettes dans un bouillon
de tomate épicé • Osso buco facile

RESTES DE TOUS LES JOURS

Salade de bifteck • Sandwich milanais • Risotto de fruits
de mer grillés

GRILLADES ET SAUTÉS
de tous les jours

Les Italiens ont une façon classique de préparer leurs mets, qu'il s'agisse de veau, de bœuf, de poulet ou de poisson. Ils respectent toujours les saveurs naturelles des ingrédients frais qu'ils utilisent et font en sorte que la cuisson altère le moins possible ces dernières ; alors, ils se contentent de badigeonner leur pièce de viande ou leur poisson d'un peu d'huile d'olive, de les saupoudrer de fines herbes et de terminer par un jet de jus de citron frais. La clé de la réussite des recettes qui suivent, c'est l'utilisation d'un haut degré de chaleur pour la cuisson ; votre grille, votre poêle et votre huile doivent être très chaudes. Que ce soit pour saisir ou faire brunir légèrement la viande, l'opération doit se faire rapidement. Je vous conseille de très bien réchauffer les poêles et les marmites que vous utiliserez, de toujours amener l'huile de cuisson à une température élevée avant d'y déposer la nourriture, et de vous assurer que le format du récipient soit adéquat car vous ne souhaitez sûrement pas que tout y prenne en pain. La beauté de cette façon de faire, c'est la rapidité de cuisson. Il ne vous faudra que quelques minutes pour réaliser les recettes qui suivent, que ce soit des crevettes ou des biftecks. Ces mets se préparent rapidement et facilement, et ils sont divins.

CREVETTES GÉANTES
grillées

Un dictionnariste dira peut-être que l'expression « crevette géante » est un oxymore (réunion de mots de nature grammaticale différente), mais un chef cuisinier sait de quoi il en retourne. Les crevettes sont vendues selon leur grosseur, avec différentes classifications déterminant le nombre de crevettes nécessaires pour constituer 450 g (1 lb). Ainsi, les crevettes géantes sont vendues en paquet de 11 à 15, les extragrosses, en paquet de 16 à 20, les petites, en paquet de 35 à 45, et les miniatures sont offertes en quantité de 100 par paquet. En général, plus les crevettes sont grosses, plus elles sont dispendieuses ; par contre, si vous devez les décortiquer et les nettoyer, elles nécessitent moins de travail. Comme dans bien d'autres situations, il y a des compromis à faire !

DONNE 4 PORTIONS EN HORS-D'ŒUVRE OU 2 PORTIONS EN PLAT PRINCIPAL

5 ml (1 c. à thé) plus 30 ml (2 c. à table) d'huile d'olive
450 g (1 lb) de crevettes géantes
30 ml (2 c. à table de sel).

BADIGEONNER 5 ML (1 C. À THÉ) d'huile sur la grille du barbecue ou dans une poêle à fond cannelé. Préparer les briquettes ou allumer le gril à gaz à intensité élevée ou encore préchauffer une poêle à fond cannelé à intensité élevée. À l'aide de ciseaux, couper la carapace des crevettes le long du dos, dans la partie centrale. Badigeonner les crevettes avec les derniers 30 ml (2 c. à table) d'huile d'olive. Saupoudrer de sel. Faire griller les crevettes 3 minutes par côté ou jusqu'à ce qu'elles soient bien cuites. Déposer les crevettes dans un plateau. Servir.

Servir avec un
spaghetti au « Pesto Arugula »
(page 77)

LANGOUSTINES SUR COUSCOUS

Il peut paraître étrange de voir un plat qui utilise le couscous (fait de farine de semoule) dans un livre de recettes italiennes, mais il s'agit d'un produit très prisé dans la cuisine sicilienne. Pendant des siècles, le sud de l'Italie — particulièrement la Sicile — a été très influencé par les cultures de l'Afrique du Nord et de la Grèce. Cette recette en est un parfait exemple culinaire.

DONNE 4 PORTIONS EN PLAT PRINCIPAL

120 ml (1/2 tasse) plus 15 ml (1 c. à table) d'huile d'olive extravierge
1 petit oignon, haché
1 carotte, pelée et hachée
3 gousses d'ail, émincées
2 boîtes de 225 g (8 oz) de tomates dans leur jus, en dés
1 bouteille de 240 ml (8 oz) de jus de palourde
60 ml (1/4 tasse) de vin blanc sec
5 ml (1 c. à thé) de sel (ou au goût)
1 ml (1/4 c. à thé) de poivre noir fraîchement moulu (ou au goût)
Environ 300 ml (1 1/4 tasse) d'eau
480 ml (2 tasses) de couscous régulier
1 kg (2 lb) de grosses crevettes, pelées et déveinées
Jus de 1 citron
15 ml (1 c. à table) de persil italien haché
5 ml (1 c. à thé) de piment de Cayenne broyé

DANS UNE GROSSE MARMITE, faire chauffer 60 ml (1/4 tasse) d'huile à feu moyennement élevé. Lorsque l'huile est prête, ajouter l'oignon, la carotte et la moitié de l'ail. Faire sauter 5 minutes ou jusqu'à ce que l'oignon soit tendre. Incorporer les tomates et leur jus, le jus de palourde, le vin, 2 ml (1/2 c. à thé) de sel et 1 ml (1/4 c. à thé) de poivre noir. Amener à ébullition et laisser mijoter le tout à découvert 10 minutes à feu modéré ou jusqu'à ce que le liquide ait réduit et que les tomates se défassent. Retirer du feu et laisser refroidir un peu. Transvaser délicatement le mélange de tomates dans le bol d'un robot culinaire et malaxer jusqu'à l'obtention d'une texture lisse ; au besoin, ajouter quelques millilitres (cuillères à table) d'eau pour vraiment obtenir un liquide qui a la consistance d'un bouillon. (Le bouillon de tomate peut être préparé 1 journée à l'avance. Le faire refroidir et le couvrir avant de le réfrigérer. Le ramener à la température ambiante avant de poursuivre la recette.)

Dans une casserole de format moyen, mélanger 480 ml (2 tasses) de bouillon de tomate, 240 ml (1 tasse) d'eau et 15 ml (1 c. à table) d'huile. Amener le mélange à ébullition. Y incorporer le couscous. Retirer du feu. Couvrir et mettre de côté 10 minutes ou jusqu'à ce que le couscous ait absorbé le liquide. Goûter et rectifier l'assaisonnement. Conserver le reste du bouillon de tomate au chaud.

Dans une grande poêle à frire, faire chauffer le reste de l'huile, soit 60 ml (1/4 tasse), à feu modéré. Ajouter le reste de l'ail et le faire sauter 20 secondes ou jusqu'à ce qu'il rende son parfum. Incorporer les crevettes et les faire sauter 5 minutes ou jusqu'à ce qu'elles commencent à devenir rosées (attention à ne pas trop les cuire, car elles seront dures). Retirer du feu et ajouter le jus de citron, le persil, le piment de Cayenne et les derniers 2 ml (1/2 c. à thé) de sel.

À l'aide d'une cuillère, déposer le couscous au centre des assiettes de service. Disposer les crevettes sur le lit de couscous. Verser un peu de bouillon de tomate autour du couscous. Servir.

SALADE DE FRUITS DE MER GRILLÉS

Voici un plat exquis et élégant que j'ai découvert lors de mes vacances annuelles en famille à Capri. Nous faisons toujours escale au même endroit, l'hôtel Quisisana, de cette merveilleuse île du sud de l'Italie. Cette région regorge de fruits de mer, et les habitants ne s'en privent pas ; ils les utilisent partout, de l'antipasto au plat principal. Certains de ces fruits de mer ont un goût exotique pour les palais des Américains, en particulier le calmar. L'idée de nettoyer ce dernier ne doit pas vous effrayer : vous pouvez maintenant acheter du calmar déjà lavé chez votre poissonnier. Il ne vous restera qu'à le rincer, à le griller et à le trancher, tout comme s'il s'agissait de poulet. (Bon d'accord, ce n'est pas tout à fait du poulet, mais ça se prépare comme tel.)

DONNE 4 PORTIONS EN PLAT PRINCIPAL

120 ml (1/2 tasse) d'huile d'olive

2 gousses d'ail, émincées

15 ml (1 c. à table) de persil italien frais, haché

5 ml (1 c. à thé) de marjolaine fraîche, hachée

5 ml (1 c. à thé) de thym frais, haché

60 ml (1/4 tasse) de jus de citron frais (environ 1 citron)

5 ml (1 c. à thé) de sel (ou au goût)

5 ml (1 c. à thé) de poivre noir fraîchement moulu (ou au goût)

340 g (12 oz) de pétoncles de mer

340 g (12 oz) de calmars lavés, les corps seulement

1 boîte de 425 g (15 oz) de cannellinis ou petits haricots blancs,
   égouttés et rincés

85 g (3 oz) de feuilles de roquette (environ 1,4 L ou 6 tasses)

2 carottes, pelées et coupées en tronçons d'environ 5 cm (2 po) de
   longueur

1/2 poivron jaune, coupé en lanières d'environ 5 cm (2 po) de longueur

1 grosse botte de chicorée italienne, les feuilles séparées

DANS UNE PETITE poêle à frire, faire chauffer l'huile à feu modéré. Ajouter l'ail et les fines herbes. Faire sauter 30 secondes ou jusqu'à ce qu'un parfum se dégage. Laisser refroidir à la température ambiante et y fouetter le jus de citron, 2 ml (1/2 c. à thé) de sel et la même quantité de poivre. Réserver la vinaigrette.

(suite sur la page suivante)

Préparer les briquettes ou allumer le gril à gaz à intensité moyenne ou encore préchauffer une poêle à fond cannelé à intensité modérée. À l'aide d'essuie-tout, assécher les pétoncles et les calmars, puis les badigeonner de 30 ml (2 c. à table) de vinaigrette et les saupoudrer de 2 ml (1/2 c. à thé) de sel et de la même quantité de poivre. Enfiler les pétoncles sur les brochettes. Faire griller les pétoncles et le calmar 2 minutes de chaque côté ou jusqu'à ce qu'ils soient bien cuits ; retourner à mi-cuisson. Laisser refroidir complètement. Retirer les pétoncles des brochettes et couper le calmar dans le sens de la largeur pour obtenir des rondelles de 0,6 cm (1/4 po).

Dans un grand bol, mélanger les haricots, la roquette, les carottes et le poivron. Remuer avec suffisamment de vinaigrette pour bien enduire le mélange. Goûter et rectifier l'assaisonnement.

Dans chacune des 4 assiettes, placer 1 ou 2 feuilles de chicorée. À l'aide d'une cuillère, ajouter la salade de haricots sur le lit de feuilles et répartir les pétoncles et les rondelles de calmar. Verser le reste de la vinaigrette en un mince filet sur les 4 salades. Servir.

STEAKS DE THON GRILLÉS

Outre sa délicieuse saveur, ce qui est fascinant à propos du thon, c'est qu'il est superbe lorsqu'on le présente aux convives ; il porte fièrement les marques de grillage et il arbore une belle croûte dorée à l'extérieur qui dissimule une chair tendre, encore rosée. De plus, le steak de thon a la particularité de ne pas être friable ; sa chair ne tombe pas en flocons. Pour avoir un tel steak dans votre assiette, vous ne devez ni le toucher ni le déplacer durant les quelques minutes de cuisson sur la grille. Résistez à la tentation, et donnez aux steaks le temps de faire leurs si jolies marques de grillage ! Pour obtenir une texture légèrement roussie à l'extérieur et une viande rosée à l'intérieur (ou crue, si vous le préférez), mettez vos steaks dans le congélateur pendant une heure avant de les déposer sur le barbecue.

DONNE 4 PORTIONS EN PLAT PRINCIPAL

2 steaks de thon ahi d'environ 450 g (1 lb) chacun et de 5 cm (2 po) d'épaisseur
60 ml (1/4 tasse) d'huile d'olive extravierge
3 ml (3/4 c. à thé) de sel kasher
3 ml (3/4 c. à thé) de poivre noir fraîchement moulu
30 ml (2 c. à table) de jus de citron frais (environ 1/2 citron)
« Pesto au basilic » (page 72)

PRÉPARER LES BRIQUETTES ou allumer le gril à gaz à intensité moyenne ou encore préchauffer une poêle à fond cannelé à intensité modérée. À l'aide d'essuie-tout, assécher les steaks de thon. Badigeonner les deux côtés du thon d'huile et saupoudrer de sel et de poivre. Griller le thon 2 minutes par côté ou jusqu'à ce qu'il soit roussi à l'extérieur mais encore saignant à l'intérieur. Si désiré, poursuivre la cuisson 2 minutes de plus de chaque côté ou jusqu'à ce que le thon soit bien cuit à l'intérieur. À l'aide d'une spatule de métal, déposer le thon sur une planche à découper. Réserver 5 minutes.

En utilisant un gros couteau bien aiguisé, couper les steaks dans le sens transversal du grain et en diagonale pour obtenir des tranches de 1,25 cm (1/2 po) d'épaisseur. Déposer les tranches dans une assiette de service. Verser un filet de jus de citron. Servir avec le pesto au basilic.

BIFTEAK DE FAUX-FILET,
salade de roquette
et de poivrons rôtis

Lorsque je m'apprête à déguster ce mets, je suis toujours fascinée par la façon dont la chaleur se dégageant du steak fait faner les feuilles de roquette et par la manière dont le jus de la viande se mêle à la vinaigrette. C'est tout un spectacle ! Vous pouvez réaliser cette recette avec toute coupe de steak (ou des escalopes de poulet ou de porc), mais le bifteck de faux-filet demeure le choix classique. Peu importe la coupe que vous choisissiez, il est essentiel de laisser reposer la viande cuite avant de la couper afin que les jus se redistribuent à l'intérieur de la pièce de viande et s'y fixent, et que la première bouchée fonde en bouche.

DONNE 4 PORTIONS EN PLAT PRINCIPAL

105 ml (7 c. à table) d'huile d'olive extravierge

2 biftecks de faux-filet d'environ 450 g (1 lb) chacun et de 2,5 cm (1 po) d'épaisseur

7 ml (1 1/2 c. à thé) de sel kasher (ou au goût)

7 ml (1 1/2 c. à thé) de poivre noir fraîchement moulu (ou au goût)

720 ml (3 tasses) de feuilles de roquette fraîches, lavées et essorées

360 ml (1 1/2 tasse) de « Poivrons rouges rôtis » (page 51), rincés et épongés à l'aide d'essuie-tout

30 ml (2 c. à table) de vinaigre balsamique

1 petit bloc de parmesan d'environ 225 g (8 oz)

BADIGEONNER 30 ML (2 C. À TABLE) d'huile sur les biftecks. Saupoudrer de 5 ml (1 c. à thé) de sel et de la même quantité de poivre. Dans une grande sauteuse, faire chauffer 15 ml (1 c. à table) d'huile à feu moyennement élevé. Y déposer les biftecks et les faire frire jusqu'à ce qu'ils soient roussis à l'extérieur et qu'ils aient la cuisson désirée, soit environ 5 minutes par côté pour les avoir mi-saignants (ne pas bouger la pièce de viande pendant qu'elle cuit d'un côté ou de l'autre). À l'aide d'une pince de cuisine, déposer les biftecks dans une grande assiette. Laisser reposer 10 minutes.

Couvrir un large plateau de feuilles de roquette. Briser les piments rôtis en gros morceaux et les répartir sur la roquette. Dans un petit bol, fouetter ensemble les derniers 60 ml (4 c. à table) d'huile, le vinaigre balsamique, 2 ml (1/2 c. à thé) de sel, la même quantité de poivre et le jus que les biftecks cuits ont laissé au fond de l'assiette. Goûter et rectifier l'assaisonnement de la vinaigrette.

Couper les biftecks dans le sens transversal du grain et en diagonale pour obtenir des tranches de 3,75 cm (1 1/2 po) d'épaisseur. Disposer les tranches sur le dessus de la roquette et des poivrons, et verser la vinaigrette en un mince filet. À l'aide d'un couteau éplucheur, trancher de minces lanières de parmesan sur la salade. Servir immédiatement.

STEAK À LA FLORENTINE

Cette fameuse recette de bifteck d'aloyau (os en T), qui a vu le jour à Florence, est le bifteck parfait : une viande qui se caramélise à l'extérieur dès qu'elle touche la grille de cuisson, un léger parfum d'ail et, comme touche finale, un filet d'huile d'olive qui vient lier les saveurs des aliments pour donner une pièce de viande tout à fait fantastique.

DONNE 4 À 6 PORTIONS EN PLAT PRINCIPAL

1 grosse gousse d'ail, coupée en demies
2 biftecks d'aloyau d'environ 675 g (1 1/2 lb) chacun) et de 3 à 3,75 cm
  (1 1/4 à 1 1/2 po) d'épaisseur
7 ml (1 1/2 c. à thé) de sel kasher
7 ml (1 1/2 c. à thé) de poivre noir fraîchement moulu
1/2 citron, coupé en deux
10 ml (2 c. à thé) d'huile d'olive

PRÉPARER LES BRIQUETTES ou allumer le gril à gaz à intensité moyenne ou encore préchauffer une poêle à fond cannelé à intensité modérée. Frotter la gousse d'ail sur la viande et sur l'os du bifteck. Saupoudrer de sel et de poivre. Faire griller les biftecks jusqu'à ce qu'ils aient atteint le degré de cuisson désiré, soit environ 5 minutes par côté pour une viande saignante et 7 minutes par côté pour une viande mi-saignante ; ne retourner les pièces qu'une fois. Déposer les biftecks sur une planche à découper et presser le citron au-dessus des biftecks pour en extraire le jus. Faire couler un filet d'huile sur les pièces de viande. Laisser reposer 5 minutes. Servir.

CÔTELETTES D'AGNEAU GRILLÉES

Dans les familles italiennes, Pâques est une fête religieuse célébrée en famille, et l'agneau est souvent au menu lors du souper pascal — habituellement un gigot ou une couronne d'agneau. Lorsqu'il ne s'agit pas de célébrer cette fête, j'opte habituellement pour la simplicité des côtelettes et la possibilité de faire des portions individuelles, comme c'est le cas dans cette recette. L'ail et le romarin sont les inséparables pour accompagner l'agneau, et la pâte que je vous présente est une délicieuse façon d'assaisonner la viande, et ce, avec un minimum d'effort. Ce duo fait aussi des petites merveilles avec toutes les coupes d'agneau ; doublez simplement les quantités pour un carré ou triplez-les pour un gigot.

DONNE 2 PORTIONS EN PLAT PRINCIPAL

30 ml (2 c. à table) d'huile d'olive extravierge
2 grosses gousses d'ail
15 ml (1 c. à table) de feuilles de romarin frais, grossièrement hachées
5 ml (1 c. à thé) de feuilles de thym frais
2 ml (1/2 c. à thé) de sel de mer
Une pincée de poivre de Cayenne
6 côtelettes d'agneau d'environ 2 cm (3/4 po) d'épaisseur chacune

DANS UN ROBOT CULINAIRE muni d'une lame de métal, mélanger l'huile, l'ail, le romarin, le thym, le sel de mer et le poivre de Cayenne jusqu'à l'obtention d'une pâte. Frotter cette pâte sur les côtelettes d'agneau et laisser ces dernières mariner au moins 30 minutes, voire jusqu'à 4 heures.

Faire chauffer une poêle à fond cannelé à feu élevé au point où elle sera presque fumante. Y déposer les côtelettes d'agneau et les saisir 2 minutes de chaque côté. Réduire le feu à intensité modérée et faire cuire les côtelettes jusqu'à l'obtention de la cuisson désirée, soit environ 3 minutes de plus par côté pour une viande mi-saignante. Diviser les côtelettes d'agneau dans deux assiettes. Servir.

ESCALOPES
de tous les jours

Dans mon lexique culinaire, toute pièce de viande mince, sans peau et sans os, que ce soit du veau, du porc ou du poulet, est une escalope. Il est évident que votre boucher est en mesure de vous offrir des escalopes de veau, mais peut-être pas des escalopes de porc ou de poulet. En ce qui concerne le porc, j'utilise une côtelette désossée que j'aplanis bien mince ; une poitrine de poulet désossée et sans la peau, coupée dans le sens transversal du grain et aplanie bien mince, me donne mes escalopes. Les escalopes sont probablement les plats de résistance favoris parmi ceux qui sont présentés dans *À l'italienne tous les jours*. Elles cuisent rapidement et vous pouvez les garnir d'à peu près tout ce qui vous plaît. De plus, les viandes qui composent les recettes que je vous présente sont pratiquement toutes interchangeables ; vous pouvez les combiner, prendre la viande d'une recette et la sauce d'une autre ou utiliser une préparation de votre choix. D'ailleurs, cette caractéristique se trouve souvent dans les menus de certains restaurants, par exemple « Poulet Marsala » et « Veau Marsala », « Poulet parmigiana » et « Veau parmigiana ». Les chefs de restaurant font ces combinaisons. Alors, pourquoi ne les feriez-vous pas ? Il faut cependant vous souvenir d'une chose importante : les temps de cuisson varient selon le type de viande utilisé. Il importe de ne pas trop faire cuire le veau, sans quoi il durcira et perdra sa délicate saveur ; par contre, il est important de bien faire cuire le poulet ou le porc (pour des raisons de sécurité). À part ces recommandations d'usage, rien ne vous empêche d'expérimenter le monde des escalopes, qui offre flexibilité, facilité de préparation et rapidité d'exécution, sans oublier la grande variété des plats classiques italiens et quelques nouveautés.

POULET PARMESAN

De tous les plats italo-américains, le poulet parmesan est sans doute le plus populaire ; on le sert généralement enduit d'une épaisse chapelure, garni de beaucoup trop de fromage et d'une sauce tomate goûtant exagérément l'ail. (Dans de nombreux restaurants, il est impossible de trouver du véritable parmesan ; alors, avec quoi prépare-t-on le poulet ?) Je vous présente ce plat dans une version allégée, tout en restant fidèle à l'âme de cette recette. Alors, je n'enduis pas mes escalopes de chapelure ; je les fais brunir dans une poêle à frire avant de les garnir et de les mettre au four.

DONNE 4 PORTIONS EN PLAT PRINCIPAL

15 ml (1 c. à table) d'huile d'olive
5 ml (1 c. à thé) de thym frais, haché
5 ml (1 c. à thé) de romarin frais, haché
5 ml (1 c. à thé) de persil italien, haché
4 escalopes de poulet d'environ 85 g (3 oz) chacune
5 ml (1 c. à thé) de sel
2 ml (1/2 c. à thé) de poivre noir fraîchement moulu
180 ml (3/4 tasse) de « Sauce marinara » (page 59)
60 ml (1/4 tasse) de mozzarella râpée
40 ml (8 c. à thé) de parmesan fraîchement râpé
15 ml (1 c. à table) de beurre non salé, coupé en morceaux

PRÉCHAUFFER LE FOUR à 260 °C (500 °F). Dans un petit bol, mélanger l'huile et les fines herbes. Badigeonner les deux côtés des escalopes du mélange d'huile et saupoudrer de sel et de poivre. À feu élevé, faire chauffer une grande poêle à frire allant au four. Y déposer les escalopes et les faire cuire 1 minute par côté ou jusqu'à ce qu'elles soient brunies. Retirer du feu.

À l'aide d'une cuillère, verser la sauce marinara sur chacune des escalopes. Saupoudrer de 15 ml (1 c. à table) de mozzarella et de 20 ml (2 c. à thé) de parmesan. Déposer de petites mottes de beurre sur le dessus de chacune. Faire cuire au four 5 minutes ou jusqu'à ce que les fromages aient fondu et que les escalopes de poulet soient bien cuites.

POULET PICATTA

Je vous présente ici le plat d'escalope le plus léger de sa catégorie. La limpidité et l'acidité du jus de citron accompagnent parfaitement le petit goût salé des câpres et le persil italien. Rappelez-vous d'enrober votre poulet de farine, mais légèrement ; vous ne préparez pas une panure épaisse d'œufs et de chapelure. Pensez léger.

DONNE 4 PORTIONS EN PLAT PRINCIPAL

4 poitrines de poulet, sans la peau, désossées, coupées dans le sens de la largeur
2 ml (1/2 c. à thé) de sel de mer
2 ml (1/2 c. à thé) de poivre noir fraîchement moulu
Farine tout usage à saupoudrer
60 ml (4 c. à table) de beurre non salé
30 ml (2 c. à table) d'huile d'olive extravierge
120 ml (1/2 tasse) de bouillon de poulet à faible teneur en sodium
80 ml (1/3 tasse) de jus de citron frais (environ 2 citrons)
60 ml (1/4 tasse) de câpres égouttées, rincées
30 ml (2 c. à table) de persil italien frais, haché

SAUPOUDRER LE POULET de sel et de poivre. Déposer les morceaux de poulet dans la farine pour les enrober légèrement. Dans une grande poêle à frire, faire fondre 30 ml (2 c. à table) de beurre et 30 ml (2 c. à table) d'huile à feu modérément élevé. Ajouter le poulet et le faire brunir, environ 3 minutes par côté. À l'aide d'une pince, transférer le poulet dans une assiette.

Dans la même poêle, verser le bouillon, le jus de citron, et ajouter les câpres. À feu moyennement élevé, amener le mélange à ébullition ; racler le fond de la poêle pour dégager les sucs qui donnent tant de saveur à la sauce. Y remettre le poulet et le laisser mijoter 5 minutes ou jusqu'à ce qu'il soit bien cuit. Toujours à l'aide d'une pince, déposer le poulet dans un plateau. Fouetter les derniers 30 ml (2 c. à table) beurre dans la sauce. Verser la sauce sur le poulet et garnir de persil frais. Servir.

POULET SALTIMBOCCA

Le mot saltimbocca signifie littéralement « saute en bouche ». Ce plat tradi-tionnel romain est tellement bon que, de façon surprenante, il fond en bouche. En Italie, le veau est la viande préférée pour ce mets, mais je trouve qu'il perd sa délicate saveur lorsqu'il est combiné à des épinards et à du pros-ciutto, des ingrédients au goût intense. Ainsi, j'en ai conclu qu'il ne valait pas la peine d'employer de dispendieuses escalopes de veau pour réaliser cette recette, alors que le poulet fait très bien l'affaire.

DONNE 6 PORTIONS EN PLAT PRINCIPAL

1 paquet de 280 g (10 oz) d'épinards hachés congelés, puis dégelés

45 ml (3 c. à table) d'huile d'olive

6 ml (1 1/4 c. à thé) de sel (ou au goût)

5 ml (1 c. à thé) de poivre noir fraîchement moulu (ou au goût)

6 escalopes de poulet de 85 g (3 oz) chacune, aplaties à la même épaisseur

6 minces tranches de prosciutto

60 ml (1/4 tasse) de parmesan fraîchement râpé

420 ml (14 oz) de bouillon de poulet à faible teneur en sodium

45 ml (3 c. à table) de jus de citron frais (1 citron)

PRESSER LES ÉPINARDS congelés pour en extraire l'excédent de liquide. Dans un petit bol, verser 15 ml (1 c. à table) d'huile et en enduire les épinards. Assaisonner de 1 ml (1/4 c. à thé) de sel et de la même quantité de poivre.

Déposer les escalopes de poulet à plat sur une surface de travail. Les saupoudrer de 5 ml (1 c. à thé) de sel et de 3 ml (3/4 c. à thé) de poivre. Étaler une tranche de prosciutto sur chacune des escalopes de poulet. Ajouter une couche d'épinards sur le prosciutto. Saupoudrer uniformément de parmesan. En commençant par le bout le plus effilé, rouler chaque escalope comme pour faire un gâteau roulé. Enfoncer un cure-dent dans chaque rouleau pour en conserver la forme.

Dans une grande poêle à frire en fonte, faire chauffer 30 ml (2 c. à table) d'huile à feu élevé. Ajouter les roulades de poulet et les faire cuire 2 minutes par côté ou jusqu'à ce qu'elles soient dorées. Incorporer le bouillon et le jus de citron. Amener à ébullition. Réduire le feu à intensité moyenne. À couvert, laisser mijoter 4 minutes ou jusqu'à ce que le poulet soit bien cuit.

À l'aide d'une pince, répartir les roulades de poulet dans 6 assiettes. Réserver. Régler le feu à intensité élevée et faire chauffer la sauce 5 minutes ou jusqu'à ce que son volume équivaille à environ 160 ml (2/3 de tasse). Goûter et rectifier l'assaisonnement. Verser la sauce sur le poulet en un mince filet. Servir.

VEAU MARSALA

Voici l'exemple typique d'un plat italo-américain classique d'une grande polyvalence culinaire — il existe des recettes au Marsala pour le veau, le porc, le poulet, et même le bifteck. Il n'est pas surprenant que le vin de Marsala ait été durant des siècles l'un des trésors les mieux gardés de la Sicile. C'est un vin fortifié — comme le porto du Portugal ou le sherry d'Espagne — qui peut être sucré, comme celui qu'on utilise en cuisine, ou sec.

8 escalopes de veau d'environ 85 g (3 oz) chacune

6 ml (1 1/4 c. à thé) de sel (ou au goût)

5 ml (1 c. à thé) de poivre noir fraîchement moulu (ou au goût)

60 ml (4 c. à table) de beurre non salé

30 ml (2 c. à table) d'huile d'olive

1 grosse échalote, finement hachée

2 gousses d'ail émincées

112 g (4 oz) de champignons assortis, tranchés

120 ml (1/2 tasse) de Marsala sucré

1 brindille de romarin frais

180 ml (3/4 tasse) de bouillon de poulet à faible teneur en sodium

SAUPOUDRER LES ESCALOPES DE VEAU de 3 ml (3/4 c. à thé) de sel et de la même quantité de poivre. Dans une grande poêle en fonte, faire fondre 15 ml (1 c. à table) de beurre et chauffer 15 ml (1 c. à table) d'huile à feu moyennement élevé. Déposer 4 escalopes de veau et les faire cuire 1 1/2 minute de chaque côté ou jusqu'à ce qu'elles soient bien dorées. À l'aide d'une pince, placer les escalopes dans un plat. Ajouter 15 ml (1 c. à table) de beurre et la même quantité d'huile dans la poêle. Faire cuire les 4 dernières escalopes. Réserver.

Lorsque vous achetez du veau, **assurez-vous qu'il soit d'un blanc crémeux** ou d'un rose

Dans la même poêle, faire fondre 15 ml (1 c. à table) de beurre. Y ajouter l'échalote et l'ail. Faire sauter 30 secondes ou jusqu'à ce que les parfums se dégagent. Incorporer les champignons, 2 ml (1/2 c. à thé) de sel et 1 ml (1/4 c. à thé) de poivre. Faire sauter de nouveau 3 minutes ou jusqu'à ce que les champignons soient tendres et que leur jus se soit évaporé. Verser le vin de Marsala et ajouter la brindille de romarin. Laisser mijoter 2 minutes ou jusqu'à ce que le vin ait réduit de moitié. Verser le bouillon de poulet et le laisser mijoter 4 minutes ou jusqu'à ce que le volume ait réduit de moitié.

En travaillant par lots, remettre les escalopes dans la poêle. Terminer la cuisson en les réchauffant environ 1 minute et en les retournant pour bien les enduire de sauce. Jeter la brindille de romarin et ajouter les derniers 15 ml (1 c. à table) de beurre à la sauce. Goûter et rectifier l'assaisonnement.

À l'aide d'une pince, répartir les escalopes de veau dans des assiettes plates. À l'aide d'une cuillère, verser la sauce sur le veau. Servir.

pâle. **Ainsi, vous serez sûr de son bon goût et de sa fraîcheur.**

PORC MILANAIS

Les escalopes panées sont habituellement préparées avec du veau, mais je trouve qu'il est également fort intéressant de les apprêter avec des côtelettes de porc. Chez moi, tous les enfants de la maisonnée adoraient ce plat ; en fait, il est assez difficile d'imaginer des enfants qui n'aiment pas les viandes sautées. Et, le lendemain, vous pourrez faire de succulents sandwichs avec les restes (page 184).

DONNE 4 PORTIONS EN PLAT PRINCIPAL

80 ml (1/3 tasse) de farine tout usage, pour enduire le porc
2 gros œufs battus
300 ml (1 1/4 tasse) de chapelure non assaisonnée
160 ml (2/3 tasse) de parmesan
10 ml (2 c. à thé) de basilic séché
5 ml (1 c. à thé) de thym séché
4 côtelettes de milieu de longe de porc de 225 g (8 oz) chacune ayant
environ 2,5 cm (1 po) d'épaisseur
5 ml (1 c. à thé) de sel (ou au goût)
5 ml (1 c. à thé) de poivre noir fraîchement moulu
30 ml (2 c. à table) de beurre
80 ml (1/3 tasse) d'huile végétale
1 citron, coupé en quartiers

METTRE LA FARINE dans un grand bol peu profond, et les œufs dans un bol semblable. Dans un troisième bol similaire, mélanger la chapelure, le parmesan, le basilic et le thym.

À l'aide d'un maillet à viande, aplatir les côtelettes de porc sur le plan de travail afin de les attendrir et de leur donner une épaisseur uniforme de 0,6 cm (1/4 po). Saupoudrer les côtelettes de 5 ml (1 c. à thé) de sel et de la même quantité de poivre. Saupoudrer légèrement de farine, une côtelette à la fois, puis tremper dans les œufs battus en permettant à l'excédent du liquide de s'écouler. Finalement, enrober chaque côtelette de porc avec le mélange de chapelure ; presser légèrement le mélange pour qu'il adhère bien à la viande. Déposer les côtelettes de porc sur une plaque à pâtisserie en une seule couche. (Jusqu'à ce stade de la recette, les côtelettes peuvent être préparées 4 heures à l'avance. Les couvrir avant de les réfrigérer.)

Préchauffer le four à 70 °C (150 °F). Déposer une grille sur la plaque à pâtisserie. Dans une grande sauteuse en fonte à hauts rebords, faire fondre le beurre dans l'huile à feu moyennement élevé jusqu'à ce que le tout soit très chaud. En y allant délicatement, placer 2 côtelettes de porc dans le mélange d'huile et les faire cuire 3 minutes par côté ou jusqu'à ce qu'elles soient dorées. Transférer les côtelettes sur la plaque à pâtisserie prévue à cet effet. Goûter et rectifier l'assaisonnement. Garder les côtelettes au chaud dans le four. Répéter l'opération pour les deux autres côtelettes.

Déposer 1 côtelette de porc dans chacune de 4 assiettes plates. Servir immédiatement avec des quartiers de citron.

N'ayez pas peur de marteler le porc, le poulet ou le veau. C'est très facile… et un merveilleux exutoire à la frustration. Placez un morceau de viande sans os, et sans la peau pour ce qui concerne le poulet, entre deux longueurs de pellicule plastique. À l'aide d'un maillet à viande (marteau attendrisseur), frappez doucement jusqu'à ce que l'épaisseur de la pièce de viande soit de 1,25 cm (1/2 po). Si vous manquez de temps, demandez à votre boucher de faire le travail pour vous. Lorsque vous martelez la viande pour l'amincir, le temps de cuisson s'en trouve diminué et la viande ne risque pas de s'assécher.

BRACIOLA

Le mot braciola est utilisé dans plusieurs parties de l'Italie pour décrire différentes coupes de viande. Dans le sud de l'Italie, il renvoie à une tranche de viande sur laquelle on a déposé différents ingrédients pour ensuite l'enrouler avant de la faire cuire au four. C'est un mets juteux, riche et plein de saveur ; peu compliquée à faire, la recette demande toutefois un peu de temps. Pour obtenir une pièce de viande juteuse et savoureuse, il faut une lente cuisson au four. C'est pourquoi j'adore servir ce mets durant la période des fêtes ou encore le dimanche soir.

Vous aurez besoin de ficelle de cuisine pour attacher le flanc de bifteck roulé.

DONNE 4 PORTIONS EN PLAT PRINCIPAL

160 ml (2/3 tasse) de fromage pecorino romano, râpé
80 ml (1/3 tasse) de fromage provolone, râpé
120 ml (1/2 tasse) de chapelure assaisonnée à l'italienne
30 ml (2 c. à table) de persil frais, haché
1 gousse d'ail émincée
60 ml (4 c. à table) d'huile d'olive
1 bifteck de flanc de 675 g (1 1/2 lb)
5 ml (1 c. à thé) de sel de mer
5 ml (1 c. à thé) de poivre noir fraîchement moulu
240 ml (1 tasse) de vin blanc sec
780 ml (3 1/4 tasses) de « Sauce marinara » (page 59)

DANS UN BOL DE FORMAT MOYEN, mettre les fromages, la chapelure, le persil et l'ail. Bien mélanger. Ajouter 30 ml (2 c. à table) d'huile. Réserver. Déposer le flanc de bifteck à plat sur le plan de travail. Saupoudrer de 2 ml (1/2 c. à thé) de sel et de la même quantité de poivre. Saupoudrer également le mélange de chapelure sur le dessus du bifteck pour bien le recouvrir. En commençant par le bout le plus petit, rouler le bifteck comme un roulé à la gelée en incorporant toute la garniture. À l'aide de ficelle de cuisine, attacher le bifteck pour qu'il maintienne sa forme. Saupoudrer le braciola avec ce qui reste de sel et de poivre.

Préchauffer le four à 175 °C (350 °F). Dans une grande poêle de fonte allant au four, faire chauffer les derniers 30 ml (2 c. à table) d'huile à feu modéré. Y déposer le braciola et le faire cuire environ 8 minutes pour en brunir les côtés. Ajouter le vin et amener à ébullition. Incorporer la sauce marinara. Couvrir lâchement de papier d'aluminium et faire cuire au four 1 1/2 heure ou jusqu'à ce que la viande soit presque tendre ; retourner le braciola et l'arroser de sauce toutes les 30 minutes. Retirer le papier d'aluminium et poursuivre la cuisson au four 30 minutes de plus ou jusqu'à ce que la viande soit parfaitement tendre. (Jusqu'à ce stade de la recette, le braciola peut être préparé 1 journée à l'avance. Le laisser refroidir et le recouvrir d'un papier d'aluminium avant de le réfrigérer. Avant de servir, le mettre au four 30 minutes à 175 °C (350 °F) ou jusqu'à ce qu'il soit bien chaud.)

Retirer le braciola de la sauce. À l'aide d'un grand couteau bien aiguisé, enlever la ficelle et couper le braciola dans le sens de la largeur et en diagonale pour obtenir des tranches de 1,25 cm (1/2 po) d'épaisseur. Déposer les tranches dans les assiettes. À l'aide d'une cuillère, verser la sauce sur la viande. Servir.

Soyez créatif *en ce qui concerne les saveurs. Vous pouvez remplacer les fromages suggérés dans cette recette par de la mozzarella, du fontina, voire du gorgonzola ; vous pouvez également utiliser les fines herbes de votre choix. Créez votre propre plat, et amusez-vous !*

VIANDES RÔTIES
de tous les jours

Les rôtis sont simples à faire et très nourrissants ; ils sont toujours appréciés des invités. Le secret pour réussir un rôti, qu'il s'agisse de bœuf, de porc, de poulet ou de poisson, réside dans l'utilisation du thermomètre à viande, un outil qui permet d'obtenir la température interne idéale lors de la cuisson. Si le temps de cuisson est trop long et que la température interne devient trop élevée, le rôti sera dur et sec ; par contre, s'il est trop court, il y aura des risques à consommer le rôti. À l'aide de votre ther-momètre, vous obtiendrez une lecture exacte de la température interne de la pièce de viande. De ce fait, vous serez assuré de servir à vos invités une viande parfaitement cuite, tendre, savoureuse, et donc à point. Le thermomètre à viande de base ne coûte que quelques dollars, mais je suis emballée par mon thermomètre électronique : le senseur reste dans le fourneau, inséré dans la viande, pendant qu'un fil sort du four et me donne une lecture sur un indicateur de ma cuisinière. De plus, un signal sonore m'avertit lorsque la viande a atteint la température désirée. Voici les températures internes adéquates pour différentes viandes :

Bœuf, veau et agneau frais	63 °C (145 °F)	mi-saignant
Porc frais	77 °C (170 °F)	bien cuit
Poulet frais et dinde fraîche	82 °C (180 °F)	bien cuit
	ou jusqu'à ce	
	que le jus de cuisson	
	soit clair	

VIVANEAU au romarin

Facile à réaliser, le rôtissage du poisson permet d'obtenir une texture moelleuse et feuilletée. Sur les côtes d'Italie, on fait souvent faire cuire le poisson tout entier — incluant la tête et la queue, qui sont considérées comme de vrais petits délices, et ce, pour plusieurs variétés de poissons. En ce qui me concerne, je peux facilement me passer de la tête. Par contre, j'aime beaucoup farcir les poissons pour leur donner un petit peu plus de saveur et d'arôme.

DONNE 4 PORTIONS EN PLAT PRINCIPAL

30 ml (2 c. à table) d'huile d'olive

1 vivaneau (*red snapper*) entier d'environ 1,4 kg (3 lb), lavé et écaillé

5 ml (1 c. à thé) de sel (ou au goût)

5 ml (1 c. à thé) de poivre noir fraîchement moulu (ou au goût)

1 citron, coupé en 8 morceaux

1/2 petit oignon, grossièrement haché

1/2 bulbe de fenouil, grossièrement haché

6 brindilles de romarin frais

2 gousses d'ail émincées

PRÉCHAUFFER LE FOUR à 205 °C (400 °F). Chemiser une plaque de pâtisserie en fonte de papier d'aluminium. Y étendre 15 ml (1 c. à table) d'huile. Y déposer le vivaneau et en saupoudrer la cavité de 2 ml (1/2 c. à thé) de sel et de la même quantité de poivre. Presser 4 quartiers de citron pour asperger de jus la cavité du poisson, puis les disposer dans la cavité. Remplir cette dernière avec les morceaux d'oignon, le fenouil, le romarin et l'ail. Badigeonner le poisson des derniers 15 ml (1 c. à table) d'huile et saupoudrer de 2 ml (1/2 c. à thé) de sel et de la même quantité de poivre. (Jusqu'à ce stade de la recette, le poisson peut être préparé 6 heures à l'avance. Le couvrir avant de le réfrigérer. Le découvrir avant de le faire cuire au four.)

Faire rôtir au four environ 40 minutes, soit le temps que le poisson soit cuit jusqu'à l'os. Retirer la peau du poisson. À l'aide d'un couteau bien aiguisé, séparer les deux filets de l'échine. À l'aide d'une spatule de métal, déposer les filets dans les assiettes. Enlever l'échine du poisson pour y prendre les filets du dessous. À ce moment-ci, l'échine et la tête devraient se détacher facilement et venir ensemble. Jeter ces parties. Toujours à l'aide de la spatule, déposer les deux derniers filets dans les assiettes. Goûter et rectifier l'assaisonnement. Servir avec les morceaux de citron qui restent.

SAUMON
en papillote

La cuisson des poissons al cartoccio — traduction littérale « dans un sac » — est utilisée depuis longtemps par les Italiens (et par bien d'autres cultures). Il faut comprendre qu'il s'agit d'une méthode de cuisson à la vapeur plutôt que d'un rôtissage au four. Le papier d'aluminium qui enveloppe le saumon d'une façon étanche scelle tous les jus et les arômes, ce qui à la fin de la cuisson vous donne un produit appétissant et savoureux. La méthode traditionnelle de cuisson utilise le papier-parchemin, mais je préfère le papier d'aluminium, car il permet d'obtenir plus facilement un emballage étanche. (Oui je sais, ce n'est pas aussi joli ou traditionnel que le papier-parchemin, mais c'est une commodité des temps modernes que je ne suis pas prête à sacrifier pour une question d'esthétique ou de tradition.) La cuisson à l'étuvée, que ce soit dans du papier d'aluminium ou du papier-parchemin, permet de faire cuire presque n'importe quelle sorte de poisson et, à vrai dire, c'est la méthode utilisée en Italie pour cuire l'espadon et le bar commun ; on n'y cuit pas le saumon, car on ne trouve pas ce dernier dans les eaux de la Méditerranée. J'aime beaucoup la chair crémeuse du saumon et le fait qu'il soit disponible à longueur d'année, ce qui explique pourquoi j'ai pris certaines libertés avec le traditionnel al cartoccio. Cette méthode de cuisson produit aussi de superbes légumes et de délicieux poulets. En prime, elle ne fait aucun dégât dans la cuisine.

DONNE 4 PORTIONS EN PLAT PRINCIPAL

3 tomates hachées ou 1 boîte de 420 g (14 oz) de tomates coupées en dés dans leur jus, égouttées

2 échalotes hachées

30 ml (2 c. à table) plus 10 ml (2. à thé) d'huile d'olive

30 ml (2 c. à table) de jus de citron frais (environ 1/2 citron)

7 ml (1 1/2 c. à thé) d'origan frais haché ou 3 ml (3/4 c. à thé) d'origan séché

7 ml (1 1/2 c. à thé) de thym frais haché ou 3 ml (3/4 c. à thé) de thym séché

5 ml (1 c. à thé) de sel

3 ml (3/4 c. à thé) de poivre noir fraîchement moulu

4 filets de saumon d'environ 140 g (5 oz) chacun

PRÉCHAUFFER LE FOUR à 205 °C (400 °F). Dans un bol de format moyen, mélanger les tomates, les échalotes, 30 ml (2 c. à table) d'huile, le jus de citron, l'origan, le thym, 2 ml (1/2 c. à thé) de sel et 1 ml (1/4 c. à thé) de poivre. Dans le centre de chacune des quatre grandes feuilles de papier d'aluminium, verser 2 ml (1/2 c. à thé) d'huile. Y placer les filets de saumon et les retourner pour bien les enduire d'huile. Saupoudrer les filets des derniers 2 ml (1/2 c. à thé) de sel et de la même quantité de poivre. À l'aide d'une cuillère, verser le mélange à la tomate sur le saumon. Replier les côtés du papier d'aluminium sur le poisson et le mélange à la tomate : couvrir complètement les filets et sceller hermétiquement les paquets. Déposer le tout sur une grande plaque à pâtisserie en fonte. (Jusqu'à ce stade de la recette, les paquets de saumon peuvent être préparés 6 heures à l'avance. Les réfrigérer jusqu'au moment de les mettre au four.)

Faire cuire le saumon au four 25 minutes ou jusqu'à ce qu'il soit prêt. À l'aide d'une grande spatule de métal, déposer les paquets dans les assiettes. Servir. (Si désiré, les déballer dans la cuisine et les mettre dans les assiettes avant de servir.)

Ce plat, dont la présentation est spectaculaire, est tout à fait indiqué pour rassasier de nombreux invités et, de surcroît, il est accompagné d'une riche sauce veloutée aux figues. Vos convives seront ébahis par vos talents culinaires ! La sauce aux figues est si sucrée que vous pourriez la servir sur de la crème glacée. Plusieurs cultures européennes possèdent des recettes qui jumellent le porc à des fruits sucrés, habituellement des pommes. Or, les pommes se font rares en Italie, alors que les figues abondent. Quelle chance pour les Italiens !

DONNE 4 À 6 PORTIONS EN PLAT PRINCIPAL

Sauce aux figues

600 ml (2 1/2 tasses) de porto

300 ml (1 1/4 tasse) de bouillon de poulet à faible teneur en sodium

8 figues noires séchées (Mission^MD), grossièrement hachées

2 brindilles de romarin

2 bâtonnets de cannelle

15 ml (1 c. à table) de miel

30 ml (2 c. à table) de beurre non salé, coupé en morceaux

1 ml (1/4 c. à thé) de sel

1 ml (1/4 c. à thé) de poivre noir fraîchement moulu

Porc

30 ml (2 c. à table) d'huile d'olive

30 ml (2 c. à table) de romarin frais, haché

15 ml (1 c. à table) de sel (ou au goût)

7 ml (1 1/2 c. à thé) de poivre noir fraîchement moulu (ou au goût)

1,8 à 2 kg (4 à 4 1/2 lb) de longe de porc désossée

240 ml (1 tasse) de bouillon de poulet à faible teneur en sodium

POUR LA SAUCE AUX FIGUES

Dans une casserole en fonte de format moyen, mélanger le porto, le bouillon de poulet, les figues, le romarin, la cannelle et le miel. À feu moyennement élevé, faire bouillir le tout 30 minutes ou jusqu'à ce que le mélange ait réduit de moitié. Jeter les brindilles de romarin et les bâtonnets de cannelle

(suite sur la page suivante)

(quelques parties des feuilles de romarin resteront dans le mélange au porto). Transvider le mélange au porto dans un mélangeur et en faire une purée veloutée. Y ajouter le beurre, le sel et le poivre. (La sauce peut être préparée 1 journée à l'avance. La couvrir avant de la réfrigérer. Avant de servir, la réchauffer à feu modéré.)

POUR LE RÔTI DE PORC

Préchauffer le four à 220 °C (425 °F). Dans un petit bol, mélanger l'huile, le romarin, 15 ml (1 c. à table) de sel, 7 ml (1 1/2 c. à thé) de poivre. Déposer le porc dans une rôtissoire en fonte allant au four. Bien l'enduire du mélange d'huile. En tournant le porc aux 15 minutes pour qu'il brunisse également, le faire rôtir 45 minutes ou jusqu'à ce qu'un thermomètre à viande inséré en son centre indique 63 °C (145 °F).

Déposer le porc sur une planche à découper. Le recouvrir de papier d'aluminium pour le garder au chaud. Le laisser reposer 15 minutes. Entre-temps, placer la rôtissoire sur la cuisinière à feu modéré et y ajouter le bouillon de poulet. Gratter le fond de la rôtissoire pour en retirer les sucs. Laisser mijoter. Goûter et rectifier l'assaisonnement.

À l'aide d'un grand couteau bien aiguisé, couper le porc dans le sens de la largeur pour obtenir des tranches de 0,6 cm (1/4 po) d'épaisseur. Déposer les tranches de porc dans les assiettes. À la cuillère, verser le jus sur les tranches de porc, puis un mince filet de sauce chaude aux figues tout autour. Servir immédiatement.

POULET
au vinaigre balsamique

Si vous en avez assez de faire rôtir votre poulet de la même manière, essayez cette recette. La marinade sucrée que je vous suggère imbibera le poulet de saveurs délicieuses. La chair sera des plus juteuses, et elle le demeurera les jours suivants, ce qui vous permettra de l'utiliser pour faire des sandwichs et des salades. Il est facile de doubler les ingrédients de cette recette (à la condition d'avoir une rôtissoire assez grande), et c'est ce que je fais. Je peux ainsi me régaler des restes pendant toute une semaine.

DONNE 4 PORTIONS EN PLAT PRINCIPAL

120 ml (1/2 tasse) de vinaigre balsamique

60 ml (1/4 tasse) de jus de citron frais (1 citron)

60 ml (1/4 tasse) de moutarde de Dijon

3 gousses d'ail émincées

5 ml (1 c. à thé) de sel

5 ml (1 c. à thé) de poivre noir fraîchement moulu

120 ml (1/2 tasse) d'huile d'olive

1 poulet d'environ 1,8 kg (4 lb) coupé en 6 morceaux ; réserver les abats, le cou et l'échine pour un autre usage)

15 ml (1 c. à table) de persil frais italien, haché

5 ml (1 c. à thé) de zeste de citron frais, râpé (environ 1 citron)

DANS UN PLAT ALLANT AU FOUR DE 32,5 cm x 22,5 cm x 5 cm (13 po x 9 po x 2 po), fouetter le vinaigre, le jus de citron, la moutarde, l'ail, le sel et le poivre. Bien mélanger. Ajouter l'huile et fouetter de nouveau. Déposer les morceaux de poulet dans ce mélange et bien les enduire. Couvrir le tout et réfrigérer au moins 2 heures, voire 1 journée ; retourner les morceaux de poulet de temps à autre.

Préchauffer le four à 205 °C (400 °F). Faire rôtir le poulet à découvert 45 minutes ou jusqu'à ce qu'il soit bien cuit. À l'aide d'une pince, déposer les morceaux dans un plat de service. Verser délicatement le liquide de cuisson dans une petite casserole en fonte et retirer l'excédent d'huile en surface. Faire bouillir 8 minutes ou jusqu'à ce que le liquide perdu environ la moitié de son volume et qu'il ait épaissi.

Verser la sauce sur le poulet. Saupoudrer de persil et de zeste de citron. Servir. S'il advenait que le poulet grille trop vite, le recouvrir d'un papier d'aluminium. Retirer le papier pour les dernières 10 minutes du rôtissage.

DINDE TONNATO

Je suis la première à admettre que la préparation tonnato demande un peu d'expéri-ence en cuisine. Je vous explique d'abord de quoi il en retourne : la viande, habituellement du veau, est recouverte d'une sauce au thon — ce plat se sert généralement froid. Avant de dire « Cette combinaison est dégoûtante » et de passer à la page suivante, je vous prie de l'essayer. Croyez-moi, il s'agit vraiment d'un merveilleux mélange de saveurs. Dans la présente recette, la dinde remplace le veau. Elle a un goût plus léger et, accompagnée d'une sauce relevée, elle constitue un régal pour le palais. Personnellement, je préfère déguster ce plat lorsqu'il est chaud !

DONNE 2 PORTIONS EN PLAT PRINCIPAL

1 poitrine de dinde d'environ 225 g (8 oz) désossée (sans la peau)

30 ml (2 c. à table) d'huile d'olive extravierge

15 ml (1 c. à table) d'origan séché

15 ml (1 c. à table) de thym séché

15 ml (1 c. à table) de basilic séché

5 ml (1 c. à thé) de sel (ou au goût)

5 ml (1 c. à thé) de poivre noir fraîchement moulu (ou au goût)

480 ml (2 tasses) plus 15 ml (1 c. à table) de bouillon de poulet à faible teneur en sodium

112 g (4 oz) de thon en boîte, dans l'huile d'olive (ne pas l'égoutter)

15 ml (1 c. à table) de jus de citron frais (environ 1/2 citron)

15 ml (1 c. à table) de câpres, égouttées

5 ml (1 c. à thé) de pâte d'anchois ou 1 filet d'anchois, égoutté

80 ml (1/3 tasse) de mayonnaise

15 ml (1 c. à table) de persil italien frais, haché

PRÉCHAUFFER LE FOUR à 190 °C (375 °F). Placer la poitrine de dinde dans un plat allant au four et la badigeonner d'huile. Saupoudrer de fines herbes, de 5 ml (1 c. à thé) de sel et de la même quantité de poivre. Verser 480 ml (2 tasses) de bouillon sur la dinde et faire cuire celle-ci au four 30 minutes ou jusqu'à ce qu'elle soit à point. Laisser la poitrine de dinde refroidir 10 minutes dans le plat. La transférer sur une planche à découper. À l'aide d'un long couteau bien aiguisé, couper la dinde en diagonale pour obtenir des tranches de 1,25 cm (1/2 po) d'épaisseur. Remettre les tranches de dinde dans le plat et les recouvrir du jus de cuisson.

Dans le bol du robot culinaire, mélanger le thon, le jus de citron, les câpres, la pâte d'anchois et les derniers 15 ml (1 c. à table) de bouillon de poulet pendant 1 minute ou jusqu'à l'obtention d'une texture crémeuse. Transvaser le mélange de thon dans un bol de format moyen. Y incorporer la mayonnaise. Goûter et rectifier l'assaisonnement.

Déposer les tranches de dinde dans un plat de service. Verser la sauce au thon sur les tranches. Garnir de persil. Servir.

FARCE DE DINDE
de tante Raffy

Je ne vous dirai pas que ce mets est un plat traditionnel de la région d'Umbria, car ce n'est pas le cas. Cependant, cette recette s'est transmise de génération en génération au sein de ma famille. Et la famille fait partie des traditions, ne croyez-vous pas ?

DONNE 6 PORTIONS EN METS D'ACCOMPAGNEMENT

1 pomme moyenne Granny Smith, évidée et coupée en cubes de 2,5 cm (1 po)

1 pomme moyenne Red Delicious, évidée et coupée en cubes de 2,5 cm (1 po)

1 oignon moyen, haché

15 ml (1 c. à table) d'huile végétale

22 ml (1 1/2 c. à table) de beurre non salé

1 sac de 170 g (6 oz) de canneberges séchées

60 ml (1/4 tasse) de vin blanc sec

7 ml (1 1/2 c. à thé) de sel (ou au goût)

5 ml (1 c. à thé) de poivre noir fraîchement moulu (ou au goût)

450 g (16 oz) de saucisses italiennes douces à la dinde, les boyaux retirés

1 pot de 210 g (7,25 oz) de châtaignes cuites à la vapeur, grossièrement hachées

225 g (8 oz) de pain d'un jour, soit de maïs ou ordinaire, coupé en cubes de 2,5 cm (1 po)

1 boîte de bouillon de poulet en conserve

240 ml (1 tasse) de parmesan fraîchement râpé

PRÉCHAUFFER LE FOUR à 205 °C (400 °F). Dans une marmite de format moyen, faire cuire les pommes, l'oignon, l'huile et 15 ml (1 c. à table) de beurre 10 minutes à feu moyennement doux ou jusqu'à ce que les pommes aient ramolli. Ajouter les canneberges et le vin. Laisser mijoter 5 minutes ou jusqu'à ce que le vin se soit évaporé et que les canneberges soient tendres. Incorporer le sel et le poivre. Laisser refroidir.

Dans une grande sauteuse en fonte, faire cuire les saucisses à feu moyennement élevé 8 minutes ou jusqu'à ce qu'elles soient brunies ; durant la cuisson, défaire les gros morceaux de saucisse à l'aide d'une cuillère en bois. Enduire légèrement de 7 ml (1/2 c. à table) de beurre un plat de cuisson carré de 21,25 cm (8 1/2 po). Dans un bol de format moyen, combiner le mélange de pommes, la chair de saucisses, les châtaignes et les croûtons de pain. Verser lentement le bouillon et ajouter délicatement 180 ml (3/4 tasse) de parmesan. Assaisonner avec du sel et du poivre. Transférer le tout dans le plat de cuisson, Saupoudrer de 60 ml (1/4 tasse) de parmesan. Faire cuire au four 45 minutes ou jusqu'à ce que le dessus soit doré et que la farce soit bien chaude.

RAGOÛTS ET SAUCES
de tous les jours

Un mets réconfortant bouillonne au four, parfumant la maison de ses invitants arômes de tomates, d'ail et d'oignons. Dans cette section, je vous présente des plats qui nous ramènent vingt ans en arrière, au temps où nous allions souper le dimanche soir chez grand-maman. Cette chère grand-mère avait trimé toute la journée pour nous préparer ce festin, ce que vous n'aurez pas à faire car j'ai modernisé quelques recettes traditionnelles de ragoût et de sauté qui prenaient un temps fou à préparer et qui étaient mal adaptées pour manger *À l'italienne tous les jours*. Ainsi, vous ne serez pas esclave de vos chaudrons ; vous pourrez vous asseoir à table avec vos convives et partager avec eux de succulents mets. D'ailleurs, pourquoi ne pas en profiter pour inviter grand-mère ? Elle serait tellement ravie !

POULET SPEZZATINO

On donne le nom de spezzatini aux ragoûts italiens parce que la viande y est coupée en morceaux, spezzare signifiant « couper » ou « briser ». C'est le prototype du repas complet qui cuit dans un seul chaudron : vous n'avez qu'à rassembler les ingrédients, à les déposer dans une marmite et le tour est joué. Vous avez un régal à mettre sur la table.

DONNE 4 À 6 PORTIONS EN PLAT PRINCIPAL

30 ml (2 c. à table) d'huile d'olive
2 branches de céleri, coupées en tronçons
1 carotte, pelée et coupée en petits morceaux
1 petit oignon émincé
5 ml (1 c. à thé) de sel (ou au goût)
5 ml (1 c. à thé) de poivre noir fraîchement moulu (ou au goût)
1 boîte de 435 g (14 1/2 oz) de tomates hachées avec leur jus
1 boîte de 420 g (14 oz) de bouillon de poulet à faible teneur en sodium
120 ml (1/2 tasse) de feuilles de basilic frais, déchiquetées
15 ml (1 c. à table) de pâte de tomates
1 feuille de laurier
2 ml (1/2 c. à thé) de thym séché
2 poitrines de poulet d'environ 340 g (1 1/2 lb) chacune, avec la carcasse
1 boîte de 425 g (15 oz) de haricots organiques, égouttés (rincés s'ils ne sont pas organiques)

DANS UNE CASSEROLE EN FONTE de 5 L (5 1/2 pintes), faire chauffer l'huile à feu modéré. Y déposer le céleri, la carotte et l'oignon. Faire sauter le tout 5 minutes ou jusqu'à ce que l'oignon soit translucide. Saupoudrer le sel et le poivre. Incorporer les tomates, le bouillon, le basilic, la pâte de tomates, la feuille de laurier et le thym. Ajouter le poulet et le presser afin de le submerger. Amener doucement le liquide à ébullition. Régler l'intensité du feu à moyennement doux et laisser mijoter à découvert 20 minutes ou jusqu'à ce que le poulet soit presque cuit ; tourner les poitrines et remuer le mélange de temps à autre. Ajouter les haricots et laisser mijoter 10 minutes de plus ou jusqu'à ce que le poulet soit entièrement cuit et que le liquide ait suffisamment réduit pour donner la consistance d'un ragoût.

Jeter la feuille de laurier. Laisser le poulet reposer 5 minutes. Enlever la peau et les os du poulet et couper la viande en petits morceaux. Remettre les bouchées de poulet dans le ragoût et faire réchauffer. Goûter et rectifier l'assaisonnement.

POULET CACCIATORE

Cacciatore signifie littéralement cuit « style chasseur » (en français, on parle de « poulet chasseur » pour référer à une recette très semblable). Dans plusieurs restaurants italo-américains, il arrive que ce plat soit très graisseux, que la sauce soit trop sucrée et que le poulet soit trop cuit et sec. Cette recette vous réconciliera avec le poulet cacciatore ; c'est vraiment le plus nourrissant des plats de la cuisine rustique italienne. Bon appétit !

DONNE 4 PORTIONS EN PLAT PRINCIPAL

4 cuisses de poulet

2 poitrines de poulet avec la peau et la carcasse, coupées en deux
  dans le sens de la largeur

10 ml (2 c. à thé) de sel (ou au goût)

5 ml (1 c. à thé) de poivre noir fraîchement moulu (ou au goût)

120 ml (1/2 tasse) de farine tout usage, pour enrober le poulet

45 ml (3 c. à table) d'huile d'olive

1 gros poivron rouge, haché

1 oignon émincé

6 gousses d'ail, finement hachées

7 ml (1 1/2 c. à thé) de feuilles séchées d'origan

180 ml (3/4 tasse) de vin blanc sec

1 boîte de 840 ml (28 oz) de tomates en dés avec leur jus

160 ml (3/4 tasse) de bouillon de poulet à faible teneur en sodium

45 ml (3 c. à table) de câpres, égouttées

60 ml (1/4 tasse) de basilic frais, grossièrement haché

SAUPOUDRER LES MORCEAUX DE POULET de 5 ml (1 c. à thé) de sel et de la même quantité de poivre. Placer les morceaux de poulet dans la farine pour les enrober légèrement.

Dans une grande sauteuse en fonte, faire chauffer l'huile à feu moyennement élevé. En travaillant par lots, soit deux morceaux de poulet à la fois, faire sauter le poulet 5 minutes par côté ou jusqu'à ce qu'il soit doré. Déposer les morceaux de poulet dans une assiette. Réserver. Dans la même poêle, mettre le poivron, l'oignon, l'ail et l'origan, et faire sauter à feu moyen 5 minutes ou jusqu'à ce que les oignons soient tendres.

(suite sur la page suivante)

Ajouter le vin et laisser mijoter 3 minutes ou jusqu'à ce que son volume ait réduit de moitié. Incorporer les tomates et leur jus, le bouillon et les câpres. Remettre les morceaux de poulet dans la sauteuse et bien les retourner pour les enrober de sauce. Amener doucement la sauce à ébullition et laisser mijoter. Poursuivre la cuisson à un feu moyennement doux (20 minutes pour les poitrines et 30 minutes pour les cuisses) jusqu'à ce que le poulet soit bien cuit

À l'aide d'une pince, déposer les morceaux de poulet dans un plat de service. Au besoin, faire bouillir la sauce environ 3 minutes afin qu'elle épaississe légèrement. Retirer tout excès de gras, puis verser la sauce sur le poulet. Saupoudrer de basilic. Servir.

Les cuissons à petit feu et à l'étu-vée *sont des techniques qui vous permettent d'obtenir des viandes juteuses et tendres. Le processus de cuisson lente permet aux saveurs de se mêler et de créer ainsi une riche sauce.*

CREVETTES FRA DIAVOLO

L'expression Fra Diavolo veut dire « frère du diable ». En Italie, elle renvoie à un plat grillé et saupoudré abondamment de poivre noir. En Amérique, le terme est associé à des mets très épicés, par exemple le homard Fra Diavolo qui est devenu populaire dans les années 1930 et qui, depuis, se veut un incontournable dans les menus italo-américains. (Ce plat est inconnu en Italie, car on n'y trouve pas les mêmes types de homards qu'en Amérique.) Voici ma version du Fra Diavolo ; cette recette utilise des crevettes parce qu'elles sont plus légères et plus faciles à intégrer à la cuisine de tous les jours.

DONNE 4 PORTIONS EN PLAT PRINCIPAL

450 g (1 lb) de grosses crevettes, pelées et déveinées
5 ml (1 c. à thé) de sel (ou au goût)
5 ml (1 c. à thé) de piment de Cayenne broyé
45 ml (3 c. à table) d'huile d'olive
1 oignon moyen émincé
1 boîte de 435 g (14 1/2 oz) de tomates en dés avec le jus
240 ml (1 tasse) de vin blanc sec
3 gousses d'ail, finement hachées
1 ml (1/4 c. à thé) de feuilles d'origan séchées
45 ml (3 c. à table) de persil italien frais, haché
45 ml (3 c. à table) de basilic frais, haché

DANS UN BOL DE FORMAT MOYEN, mélanger les crevettes à 5 ml (1 c. à thé) de sel et à la même quantité de piment de Cayenne broyé. Dans une grande poêle à frire en fonte, faire chauffer l'huile à feu moyennement élevé. Ajouter les crevettes et les faire sauter 2 minutes ou jusqu'à ce qu'elles soient cuites de part en part. À l'aide d'une cuillère à égoutter, déposer les crevettes dans une grande assiette. Réserver. Dans la même poêle, ajouter l'oignon et le faire sauter 5 minutes ou jusqu'à ce qu'il soit translucide. Incorporer les tomates et leur jus, le vin, l'ail et l'origan. Laisser mijoter 10 minutes ou jusqu'à ce que la sauce ait légèrement épaissi. Ajouter les crevettes et le jus écoulé dans l'assiette au mélange de tomates. Bien remuer pour enrober les crevettes. Retirer du feu. Incorporer le persil et le basilic. Goûter et rectifier l'assaisonnement. À l'aide d'une cuillère, déposer le mélange de crevettes dans des bols creux. Servir.

MOULES, PALOURDES ET CREVETTES
dans un bouillon de tomate épicé

Les soupes aux moules et aux palourdes sont des spécialités de Naples et des villes situées sur le littoral sicilien. Pour avoir un plat plus consistant, j'ai ajouté des crevettes à la recette originale ; j'ai aussi inclus du piment de Cayenne broyé, car j'aime bien les sauces épicées. Cependant, vous n'êtes pas obligé de m'imiter si l'un ou l'autre de ces ingrédients ne vous convient pas. Peu importe ce que vous ferez, prévoyez beaucoup de pain croûté, car le petit bouillon au fond du bol est irrésistible.

DONNE 6 PORTIONS EN PLAT PRINCIPAL

60 ml (1/4 tasse) d'huile d'olive
5 gousses d'ail émincées
1 feuille de laurier
5 ml (1 c. à thé) de piment de Cayenne broyé
240 ml (1 tasse) de vin blanc sec
1 boîte de 840 ml (28 oz) de tomates en cubes et leur jus
24 petites palourdes du Pacifique donnant environ 1,1 kg (2 1/2 lb),
   bien brossées
24 moules ébarbées donnant environ 675 g (1 1/2 lb)
20 grosses crevettes donnant environ 450 g (1 lb), épluchées, déveinées
   et coupées en papillon
120 ml (1/2 tasse) de feuilles de basilic frais, déchiquetées
Pain croûté chaud, en accompagnement

DANS UNE GRANDE MARMITE, faire chauffer l'huile à feu modéré. Y déposer l'ail, la feuille de laurier et le piment de Cayenne broyé. Faire sauter le tout 1 minute ou jusqu'à ce que l'ail soit tendre. Ajouter le vin et porter le mélange à ébullition. Incorporer les tomates et leur jus. Tout en remuant souvent, laisser mijoter 8 minutes ou jusqu'à ce que les tomates commencent à se défaire et que les saveurs aient eu le temps de se mêler. Déposer les palourdes dans la marmite, couvrir et laisser cuire 5 minutes. Ajouter les moules, couvrir de nouveau et poursuivre la cuisson 5 minutes de plus ou jusqu'à ce que les mollusques soient ouverts.

À l'aide d'une pince, déposer les moules et les palourdes dans des bols de service (jeter tous les mollusques non ouverts après le temps de cuisson). Inclure les crevettes au bouillon de tomate et les laisser mijoter 1 1/2 minute ou jusqu'à ce qu'elles soient bien cuites. Retirer la feuille de laurier. Incorporer le basilic. Répartir les crevettes et le bouillon de tomate dans des bols. Servir avec le pain chaud.

Le truc pour réussir cette recette, c'est de prendre garde à ne pas trop faire cuire les mollusques — sinon, ils auront une consistance caoutchouteuse.

OSSO BUCO FACILE

L'osso buco, n'est rien d'autre qu'un jarret de veau cuit à petit feu, ce qui donne une viande tellement tendre qu'elle tombe littéralement de l'os pour ensuite fondre dans la bouche. Je ne sais pour quelle raison précise, mais je crois que les gens sont un peu réticents à l'idée de préparer un jarret de veau. Si vous êtes de ces gens, vous n'aurez plus aucune excuse de ne pas servir cet excellent plat, car je vais vous démontrer comment il est facile de le préparer en une couple d'heures. Les parfums de la cuisson se répandront dans votre demeure et ne soyez pas surpris si un voisin succombe à la tentation de venir frapper à votre porte pour s'enquérir de ce que vous êtes en train de mijoter. Quel plat splendide pour un dimanche pluvieux !

Assurez-vous d'avoir de la ficelle de cuisine sous la main pour attacher les jarrets.

DONNE 6 PORTIONS EN PLAT PRINCIPAL

6 tranches de jarret de veau d'environ 420 g (14 oz) chacune et de
  2,5 à 3,75 cm (1 à 1 1/2 po) d'épaisseur
12 ml (2 1/2 c. à thé) de sel (ou au goût)
7 ml (1 1/2 c. à thé) de poivre noir fraîchement moulu (ou au goût)
80 ml (1/3 tasse) de farine tout usage, pour enrober les jarrets
60 ml (1/4 tasse) d'huile végétale
1 petit oignon émincé
1 petite carotte finement hachée
1 branche de céleri finement hachée
15 ml (1 c. à table) de pâte de tomates
240 ml (1 tasse) de vin blanc sec
Environ 1 L (4 tasses) de bouillon de poulet à faible teneur en sodium
1 grosse brindille de romarin frais
1 grosse brindille de thym frais
1 feuille de laurier
2 gousses d'ail entières
15 ml (1 c. à table) de persil frais italien, haché

PRÉCHAUFFER LE FOUR à 190 °C (375 °F). Assécher le veau avec des essuie-tout afin qu'il dore uniformément. À l'aide de ficelle de cuisine, assujettir la viande à l'os du jarret. Assaisonner le veau de 7 ml (1 1/2 c. à thé) de sel et de la même quantité de poivre. Dans une assiette, enfariner légèrement le veau sur les faces où il a été tranché.

Dans une rôtissoire en fonte assez grande pour recevoir les jarrets sur une seule couche, faire chauffer l'huile à feu moyennement modéré. Y déposer le veau et le cuire 8 minutes par côté ou jusqu'à ce qu'il soit bien bruni. Placer les jarrets dans une assiette. Réserver.

Dans la même rôtissoire, ajouter l'oignon, la carotte et le céleri. Assaisonner de 5 ml (1 c. à thé) de sel pour enlever l'humidité des légumes. Faire sauter l'oignon 6 minutes ou jusqu'à ce qu'il soit tendre. Incorporer la pâte de tomates et faire sauter de nouveau pendant 1 minute. Verser le vin et laisser mijoter 2 minutes ou jusqu'à ce que le liquide ait réduit de moitié. Remettre le veau dans la rôtissoire. Verser suffisamment de bouillon de poulet pour couvrir les deux tiers des jarrets de veau. Ajouter les brindilles d'herbes, la feuille de laurier et les gousses d'ail au mélange du bouillon. À feu moyennement élevé, porter le tout à ébullition. Retirer la rôtissoire du feu. La couvrir de papier d'aluminium et la mettre au four. Faire braiser le veau 1 1/2 heure ou jusqu'à ce qu'il se défasse à la fourchette ; tourner les jarrets aux 30 minutes.

Retirer délicatement les jarrets de la rôtissoire et les déposer sur une planche à découper. Retirer les ficelles et les jeter. Couvrir le veau d'un papier d'aluminium pour le garder chaud.

Placer un grand tamis au-dessus d'un large bol. En douceur, verser le liquide de cuisson et les légumes dans le tamis ; presser les ingrédients solides pour en extraire le plus de jus possible. Jeter les morceaux égouttés et remettre la sauce dans la rôtissoire. Avec précaution, remettre les jarrets de veau dans la sauce. Laisser mijoter doucement. Goûter la sauce et rectifier l'assaisonnement. (Jusqu'à ce stade de la recette, l'osso buco peut être préparé 1 journée à l'avance. Refroidir la préparation et la couvrir avant de la réfrigérer. Au moment de l'utiliser, la faire réchauffer 25 minutes à couvert dans un four à 175 °C (350 °F) ou jusqu'à ce que le veau soit bien chaud.) Placer un jarret de veau par assiette. À l'aide d'une cuillère, le napper de la sauce. Garnir de persil. Servir.

RESTES
de tous les jours

Lorsque je reçois des invités à souper, je veux être certaine d'avoir assez de nourriture pour tout le monde ; alors, j'en fais presque toujours trop. Trop n'est-il pas mieux que pas assez ? Le lendemain, à l'heure du souper, je contemple mon réfrigérateur et les restes de la veille, par exemple une demi-portion de bifteck, des escalopes panées ou des fruits de mer grillés ayant servi à faire une salade. Je n'aime pas vraiment l'idée de réchauffer les restes et de me convaincre de manger la même chose deux soirs de suite. Alors, que faire ? Avec un petit peu d'imagination, je me sers de mes restes pour créer un nouveau plat. La moitié de bifteck devient une délicieuse salade de bœuf, l'escalope garnit l'un des meilleurs sandwichs au monde, et les fruits de mer transforment l'habituel risotto servi en accompagnement en un mets principal débordant de saveurs.

SALADE DE BIFTECK

Comment joindre l'utile à l'agréable : cette stratégie est gagnante. Pour le prix d'un bifteck, vous pourrez nourrir jusqu'à 4 personnes. Ces dernières termineront leur assiette en se sentant rassasiées d'avoir mangé une bonne quantité de viande et autant de légumes.

DONNE 4 PORTIONS EN PLAT PRINCIPAL

1/2 tête de laitue romaine, coupée en petits morceaux

2 grosses têtes d'endive, tranchées mince dans le sens de la largeur (environ 720 ml ou 3 tasses)

720 ml (3 tasses) de petites roquettes fraîches

12 tomates cerises, coupées en demies

1/2 oignon rouge, tranché en minces rondelles

112 g (4 oz) de fromage gorgonzola, râpé grossièrement

« Vinaigrette au vinaigre de vin rouge » (page 184)

Environ 1 ml (1/4 c. à thé) de sel

Environ 1 ml (1/4 c. à thé) de poivre noir fraîchement moulu

450 g (1 lb) de restes de bifteck (faux-filet, filet mignon ou autres) tranchés mince dans le sens de la largeur

DANS UN GRAND BOL, bien mélanger la laitue, les têtes d'endive, les roquettes, les tomates et l'oignon. Ajouter la moitié du fromage et remuer avec suffisamment de vinaigrette pour bien enduire le tout. Assaisonner de sel et de poivre. Répartir la salade également dans 4 assiettes. Déposer les tranches de bifteck sur le lit de verdure. Verser encore un peu plus de vinaigrette sur le bifteck. Saupoudrer de ce qui reste de fromage. Servir immédiatement.

VINAIGRETTE AU VINAIGRE DE VIN ROUGE

Voici une vinaigrette simple et légère qui s'harmonise en beauté à toutes les salades. Le miel y ajoute un goût légèrement sucré et vient équilibrer les diverses saveurs.

DONNE 400 ML (1 2/3 TASSE)

120 ml (1/2 tasse) de vinaigre de vin rouge
45 ml (3 c. à table) de jus de citron
10 ml (2 c. à thé) de miel
10 ml (2 c. à thé) de sel (ou au goût)
240 ml (1 tasse) d'huile d'olive
Poivre noir fraîchement moulu

Dans un mélangeur, combiner le vinaigre, le jus de citron, le miel et 10 ml (2 c. à thé) de sel. Pendant que l'appareil fonctionne, verser graduellement l'huile. Goûter et rectifier l'assaisonnement.

SANDWICH MILANAIS

Ce sandwich peut se composer avec tout reste de viande cuite à la milanaise (voir page 158), qu'il s'agisse de veau, de poulet ou de porc. Vous pouvez le garnir d'ingrédients de votre choix, mais la combinaison que je vous présente ici est des plus délicieuses.

DONNE 2 SANDWICHS

2 petits pains italiens ou français mesurant 15 cm (6 po) de longueur et coupés à l'horizontale
1/2 avocat mûr, pelé, dénoyauté et tranché
10 ml (2 c. à thé) d'huile d'olive extravierge
5 ml (1 c. à thé) de vinaigre balsamique
1 généreuse pincée de sel
1 généreuse pincée de poivre noir fraîchement moulu
1 tomate moyenne, tranchée
160 ml (2/3 tasse) de feuilles de roquette
1 escalope de « Porc milanais » (page 158) cuite, chaude ou froide, coupée en minces tranches

AVEC VOS DOIGTS, retirer et jeter une partie de la mie des pains, créant ainsi un creux dans chacun d'eux. Diviser l'avocat entre les quatre parties de pain. À l'aide d'une fourchette, en faire une purée.

Dans un bol de format moyen, fouetter l'huile, le vinaigre, le sel et le poivre. Bien les mélanger. Ajouter la tomate et la roquette. Remuer pour bien enrober le tout. Diviser le mélange de roquette entre les 2 croûtes inférieures des pains. Y ajouter les tranches de porc à la milanaise et couvrir des deux croûtes supérieures. Couper les sandwichs en moitiés. Servir.

RISOTTO DE FRUITS DE MER GRILLÉS

Je sers habituellement le risotto en mets d'accompagnement mais, dans ce cas-ci, je l'ai transformé en plat principal. Avec une salade verte et un bon verre de Pinot Grigio, il constitue un de mes repas légers préférés — à base de restes !

DONNE 2 PORTIONS EN PLAT PRINCIPAL

1/2 recette de « Risotto classique » (page 128)
120 ml (1/2 tasse) de bouillon de poulet (ou plus)
250 à 480 ml (1 à 2 tasses) de pétoncles et de calmars grillés provenant
   de la recette « Salade de fruits de mer grillés » (page 143)
30 ml (2 c. à table) de persil italien frais, haché

DANS UNE CASSEROLE en fonte de format moyen, à feu moyennement élevé, faire réchauffer le risotto et 120 ml (1/2 tasse) de bouillon de poulet. Ajouter les pétoncles et les calmars cuits, et un peu de liquide pour éclaircir le mélange. Tout en remuant délicatement pour ne pas briser les pétoncles, poursuivre la cuisson jusqu'à ce que les fruits de mer soient bien chauds. Incorporer le persil. Déposer le risotto dans des bols. Servir immédiatement.

contorni

de tous les jours

LÉGUMES FARCIS DE TOUS LES JOURS

Champignons farcis • Rollatinis aux aubergines • Tomates farcies

LÉGUMES RÔTIS ET CUITS AU FOUR

Casserole de tomates et de légumes • Verdure al Forno • Petites pommes de terre rôties aux fines herbes et à l'ail • Légumes-racines aux fines herbes

QUOI DE PLUS FACILE !

Pois et prosciutto • Rapinis sautés aux raisins et aux pignons • Choux de Bruxelles et pancetta • Caponata de tous les jours • Brocoli et haricots verts • Purée de pommes de terre au parmesan • Légumes grillés

SALADES DE TOUS LES JOURS

Endives, laitue frisée, oranges sanguines et noisettes • Salade de farro aux tomates et aux fines herbes • Panzanella

LÉGUMES FARCIS
de tous les jours

Un repas italien est incomplet s'il ne comprend pas un mets d'accompagnement composé de légumes, en italien un *contorno*. Certains de ces plats d'accompagnement sont faits de légumes farcis, et c'était traditionnellement la façon dont les cuisinières utilisaient les restes de repas. Les Italiens mangent beaucoup de pains, cuisent une grande quantité de grains, en particulier le riz, et bien sûr un tas de pâtes alimentaires. Il va sans dire qu'il y a souvent des restes. Alors, que faire d'un bout de pain rassis, d'une tasse de riz ou de pâtes ? Les Italiennes, qui sont des cuisinières pleines de ressources et très inventives, recourent aux petits restes de la veille pour concocter des farces pour le souper du soir, quelquefois pour les viandes et d'autres fois pour les légumes. De toute façon, que la farce soit faite à partir de restes ou d'ingrédients frais, non seulement fait-elle un délicieux *contorni*, mais aussi peut-elle se transformer en plat principal pour végétariens. Et quelle allure ont ces plats ! Un autre avantage des légumes farcis, c'est qu'on peut les préparer à l'avance et, lorsque les invités arrivent, on les met au four et ils sont prêts dès qu'on en a fini avec les *antipasti*. De plus, certains légumes farcis peuvent, et en fait devraient, être mangés à la température ambiante, ce qui leur confère un avantage non négligeable lorsque vous avez à nourrir un grand nombre de convives.

CHAMPIGNONS FARCIS

Une des plus populaires recettes de champignons farcis nous vient de la Ligurie, une région du nord de l'Italie prolongeant les côtes de la Méditerranée et bordée par la mer Tyrrhénienne ; cette région s'étend de la frontière de la France jusqu'à la Toscane. La capitale régionale est Gênes ; en plus d'être le berceau du pesto, il s'agit d'une ville portuaire où on trouve beaucoup de recettes de mets, même les plus inusités, comprenant des fruits de mer, par exemple des champignons farcis aux anchois, à la marjolaine et à la chapelure. Je vous épargne les détails de cette recette plutôt complexe, et j'ai volontairement oublié les petits poissons pour vous présenter quelque chose de beaucoup plus simple. Non seulement les champignons farcis cons-tituent-ils un mets d'accompagnement intéressant, mais aussi se veulent-ils un fantastique antipasto lors des réunions entre amis.

DONNE 28 CHAMPIGNONS

120 ml (1/2 tasse) de chapelure assaisonnée à l'Italienne
120 ml (1/2 tasse) de fromage pecorino romano, râpé
30 ml (2 c. à table) de persil italien frais, haché
15 ml (1 c. à table) de menthe fraîche, hachée
2 gousses d'ail émincées
Environ 45 ml (3 c. à table) d'huile d'olive
28 gros champignons de Paris (blancs) de 6,25 cm (2 1/2 po) de
   diamètre, équeutés

PRÉCHAUFFER LE FOUR à 205 °C (400 °F). Dans un bol de format moyen, mettre la chapelure, le fromage romano, le persil, la menthe et l'ail. Bien mélanger.

Enduire une grande plaque à pâtisserie de 10 ml (2 c. à thé) d'huile. Déposer les chapeaux des champignons sur la plaque, cavité vers le haut, et remplir de la garniture. Verser 1 ml (1/4 c. à thé) d'huile en filet sur la farce contenue dans chaque champignon. Faire cuire au four 25 minutes ou jusqu'à ce que les champignons soient tendres et que la farce soit complètement dorée en surface. Retirer les champignons farcis. Déposer dans un plateau. Servir.

ROLLATINIS AUX AUBERGINES

Les aubergines au parmesan sont un classique de la cuisine italo-américaine mais, comme c'est le cas pour plusieurs recettes de ce livre, j'aime bien les préparer à ma façon. La recette que je vous présente ici est allégée et très facile à faire ; elle ne s'éloigne pas beaucoup du concept de base, puisqu'elle combine des aubergines, du parmesan et la sauce marinara. Il s'agit non seulement d'un très nourrissant mets d'accompagnement, mais aussi d'un mets principal à servir à vos amis végétariens (si ces derniers aiment les produits laitiers, il n'y a pas de problème). Pour varier, vous pourriez aussi réaliser cette recette avec des courgettes.

DONNE 6 PORTIONS EN METS D'ACCOMPAGNEMENT

4 aubergines moyennes, soit environ 1,8 kg (4 lb), coupées dans le sens
   de la longueur en tranches de 1,25 cm (1/2 po) d'épaisseur
15 ml (1 c. à table) plus 5 ml (1 c. à thé) de sel de mer
120 ml (1/2 tasse) d'huile d'olive extravierge, et un peu plus à verser en filet
45 ml (3 c. à table) de pignons
1 kg (32 oz) de fromage ricotta fait de lait entier
2 gros œufs battus
120 ml (1/2 tasse) de mozzarella râpée
45 ml (3 c. à table) de parmesan fraîchement râpé
20 feuilles de basilic, finement hachées
480 ml (2 tasses) de « Sauce marinara » (page 59)
5 ml (1 c. à thé) de poivre noir fraîchement moulu

DISPOSER LES TRANCHES D'AUBERGINES sur une grande plaque à pâtisserie. Les saupoudrer de 15 ml (1 c. à table) de sel (pour absorber le liquide des aubergines). Réserver les aubergines 15 minutes. Les rincer pour en retirer le sel. Les assécher à l'aide d'essuie-tout.

Préparer les briquettes ou allumer le gril à gaz à intensité moyenne ou encore préchauffer une poêle à fond cannelé à intensité modérée. Badigeonner les tranches d'aubergines de 120 ml (1/2 tasse) d'huile et les faire griller 4 minutes par côté ou jusqu'à ce qu'elles soient brunies et bien tendres.

Préchauffer le four à 190 °C (375 °F). Placer les pignons sur une plaque à pâtisserie en fonte et les faire griller au four 5 minutes ou jusqu'à ce qu'ils soient dorés et qu'ils dégagent leur parfum ; les tourner à mi-cuisson. Les laisser refroidir. Maintenir la température du four.

Huiler légèrement un plat de 32,5 cm x 22,5 cm x 5 cm (13 po x 9 po x 2 po) allant au four. Dans un grand bol, combiner le fromage ricotta et les œufs. En douceur, incorporer la mozzarella, le parmesan et les pignons grillés. Ajouter le basilic au mélange (ne pas trop remuer). Mettre 15 ml (1 c. à table) du mélange de fromage sur le bout le plus étroit de chacune des tranches d'aubergine, et rouler bien serré. Placer les rollatinis aux aubergines, joint en dessous, dans le plat allant au four. (Jusqu'à ce stade de la préparation, les rollatinis peuvent être préparés jusqu'à 8 heures à l'avance. Les couvrir avant de les réfrigérer.) À l'aide d'une cuillère, étendre la sauce marinara uniformément sur les rollatinis. Saupoudrer de 5 ml (1 c. à thé) de sel et de la même quantité de poivre. Faire cuire les rollatinis au four, à découvert, 15 minutes ou jusqu'à ce qu'ils soient bien chauds. Verser un mince filet d'huile sur les rollatinis aux aubergines. Servir.

Préparer le **riz** à l'avance permet aux **tomates** de conserver leur forme lorsqu'elles cuisent au four. Ainsi, votre plat aura fière allure au moment **de la présentation.**

TOMATES FARCIES

Je sers souvent les tomates farcies à la température ambiante et, croyez-moi, c'est un réel soulagement de penser que je n'ai absolument rien à faire au moment où les invités arrivent, sauf de déposer les tomates dans des assiettes. Un véritable mets à l'italienne de tous les jours !

DONNE 4 PORTIONS EN METS D'ACCOMPAGNEMENT

Sel

160 ml (2/3 tasse) de riz arborio ou de riz blanc à grains moyens

5 ml (1 c. à thé) plus 30 ml (2 c. à table) d'huile d'olive

4 grosses tomates mûres, mais fermes

45 ml (3 c. à table) de basilic frais, haché

30 ml (2 c. à table) de persil italien frais, haché

1 gousse d'ail émincée

2 ml (1/2 c. à thé) de sel

2 ml (1/2 c. à thé) de poivre noir fraîchement moulu (ou au goût)

60 ml (1/4 tasse) de parmesan râpé

DANS UNE CASSEROLE DE FORMAT MOYEN, amener l'eau salée à ébullition. Y mettre le riz et, tout en remuant de temps à autre, laisser mijoter à feu modéré 10 minutes ou jusqu'à ce que le riz soit tout juste cuit. Égoutter le riz et le rincer sous l'eau froide. Bien égoutter. Transvaser le riz dans un bol de format moyen. Réserver.

Préchauffer le four à 175 °C (350 °F). Enduire de 5 ml (1 c. à thé) d'huile un plat carré de 20 cm x 20 cm (8 po x 8 po) allant au four. Couper une tranche de 1,25 cm (1/2 po) d'épaisseur sur le dessus de chacune des tomates. Réserver les parties coupées. À l'aide d'une cuillère, retirer les graines, la pulpe et le jus des tomates et placer le tout dans un petit bol. Placer les tomates évidées dans le plat préparé à cet effet.

Ajouter 60 ml (1/4 tasse) du mélange du petit bol au riz, et remuer pour bien mélanger. Incorporer le basilic, le persil, l'ail, les derniers 30 ml (2 c. à table) d'huile, 2 ml (1/2 c. à thé) de sel et la même quantité de poivre. Ajouter le parmesan. Goûter et rectifier l'assaisonnement. À l'aide d'une cuillère, remplir les tomates évidées en formant un léger monticule sur le dessus de chacune d'elles. Remettre les tranches réservées sur les tomates. Faire cuire au four 20 minutes ou jusqu'à ce que le riz soit cuit de part en part. Servir chaud ou à la température ambiante. (Les tomates farcies peuvent être préparées 4 heures à l'avance.)

LÉGUMES
rôtis et cuits au four

J'adore faire rôtir les légumes, et ce, pour deux raisons. Premièrement, la cuisson au four leur donne une saveur imbattable ; les sucres naturels des légumes ressortent et se caramélisent pour donner un produit qui s'approche étrangement d'un dessert. Deuxièmement, le rôtissage des légumes est une opération qui peut se faire à l'avance. Ainsi, je place mes petits plats au four et ce dernier fait tout le travail pendant que je me relaxe en sirotant un verre de vin. Quelle planification !

CASSEROLE DE TOMATES ET DE LÉGUMES

Les ingrédients de cette recette ressemblent à ceux que l'on trouve dans un hoche-pot : pomme de terre, patate douce, courgette, carotte, oignon et poivron. La tradition voulait que pour remuer le contenu il fallait hocher la marmite, d'où l'étymologie du mot. En fait, il s'agit d'un mélange assez libéral ; alors, sentez-vous bien à l'aise d'utiliser les légumes de votre choix. Cependant, prenez le temps de couper les légumes de la même grosseur pour vous assurer qu'ils cuisent en même temps et qu'ils ne soient ni trop cuits ni trop mous.

DONNE 6 PORTIONS EN METS D'ACCOMPAGNEMENT

1 pomme de terre moyenne, pelée et coupée en morceaux de 1,25 cm (1/2 po)

1 patate douce moyenne, pelée et coupée en morceaux de 1,25 cm (1/2 po)

2 carottes, pelées et coupées en morceaux de 1,25 cm (1/2 po)

1 poivron rouge, étrogné, épépiné et coupé en morceaux de 1,25 cm (1/2 po)

60 ml (4 c. à table) d'huile d'olive

8 ml (1 3/4 c. à thé) de poivre noir fraîchement moulu

7 ml (1 1/2 c. à thé) de sel

1/2 oignon rouge, tranché en minces rondelles

1 grosse courgette, coupée dans le sens de la largeur en tranches de 0,6 cm (1/4 po) d'épaisseur

2 grosses tomates mûres, coupées dans le sens de la largeur en tranches de 0,6 cm (1/4 po) d'épaisseur

120 ml (1/2 tasse) de parmesan fraîchement râpé

30 ml (2 c. à table) de chapelure assaisonnée à l'italienne

Brindilles de basilic frais, comme garniture

PRÉCHAUFFER LE FOUR À 230 °C (450 °F). Dans un plat en verre de 32,5 cm x 22,5 cm x 5 cm (13 po x 9 po x 2 po) allant au four, mélanger la pomme de terre, la patate douce, les carottes, le poivron, 30 ml (2 c. à table) d'huile, 3 ml (3/4 c. à thé) de poivre, et 2 ml (1/2 c. à thé) de sel. Ajouter les tranches d'oignon sur le dessus du mélange, puis la courgette. Verser en filet 15 ml (1 c. à table) d'huile et saupoudrer de 2 ml (1/2 c. à thé) de sel et de la même quantité de poivre. Recouvrir la courgette des tranches de tomate. Verser en filet les derniers 15 ml (1 c. à table) d'huile. Saupoudrer de 2 ml (1/2 c. à thé) de sel et de la même quantité de poivre.

Dans un petit bol, combiner le parmesan et la chapelure assaisonnée. Bien mélanger et saupoudrer sur les légumes. Faire cuire au four 40 minutes ou jusqu'à ce que les légumes soient tendres et que la garniture soit dorée. Laisser refroidir 10 minutes. Garnir de brindilles de basilic frais. Servir.

VERDURE AL FORNO

Même si ce plat ne contient que des courgettes, ma grand-mère l'a baptisé Verdure al Forno, ce qui signifie « légumes cuits au four ». (En fait, on devrait parler de Zucchine al Forno, mais personne n'aurait osé passer cette remarque à ma grand-mère !) Alors, je vous invite à faire cette recette avec des aubergines, des courges d'été, des pommes de terre et même du chou-fleur. Tous ces légumes sont d'excellents substituts à la courgette, et ainsi vous aurez votre propre Verdure Al Forno.

DONNE 4 PORTIONS EN METS D'ACCOMPAGNEMENT

10 ml (2 c. à thé) d'huile d'olive extravierge
5 courgettes moyennes donnant environ 675 g (1 1/2 lb), coupées dans le
  sens de la largeur en tranches de 2,5 cm (1 po) d'épaisseur
2 ml (1/2 c. à thé) de sel (ou au goût)
2 ml (1/2 c. à thé) de poivre noir fraîchement moulu (ou au goût)
240 ml (1 tasse) de crème riche en matière grasse
240 ml (1 tasse) de mozzarella, râpée
240 ml (1 tasse) de fromage fontina, râpé
60 ml (6 c. à table) de pecorino romano, râpé
240 ml (1 tasse) de chapelure régulière

PRÉCHAUFFER LE FOUR à 175 °C (350 °F). Chemiser une plaque à pâtisserie de papier d'aluminium. Enduire d'huile le fond d'un plat carré de 20 cm x 20 cm (8 po x 8 po) allant au four. Étendre suffisamment de tranches de courgettes en une seule couche pour couvrir entièrement le fond du plat. Saupoudrer le tiers du sel et du poivre. Verser 80 ml (1/3 tasse) de crème sur les courgettes. Saupoudrer de 80 ml (1/3 tasse) de mozzarella et de la même quantité de fromage fontina.

Saupoudrer de 30 ml (2 c. à table) de fromage pecorino romano, puis de 80 ml (1/3 de tasse) de chapelure. Répéter à deux reprises les couches d'ingrédients. (Les légumes peuvent être assemblés jusqu'à 8 heures à l'avance. Les couvrir avant de les réfrigérer. Avant de procéder à la cuisson, amener le tout à la température ambiante.) Placer le plat de cuisson sur la plaque à pâtisserie et faire cuire à découvert 40 minutes ou jusqu'à ce que le dessus soit doré et que la sauce bouillonne. Servir immédiatement.

PETITES POMMES DE TERRE RÔTIES
aux fines herbes et à l'ail

J'aime bien utiliser différentes sortes de pommes de terre pour préparer cette recette, qui est de loin mon plat préféré en matière de pommes de terre rôties. Ce qui prend le plus de temps, c'est de choisir les ingrédients au marché et de regarder la caissière les peser séparément pour y apposer un prix… Utilisez les variétés de votre choix, et servez ce plat avec n'importe quelle pièce de viande ou de poisson ; il est fabuleux comme mets d'accompagnement, que ce soit pour deux personnes ou pour un groupe.

DONNE 4 À 6 PORTIONS EN METS D'ACCOMPAGNEMENT

60 ml (1/4 tasse) d'huile d'olive

15 ml (1 c. à table) d'herbes de Provence ou d'épices à l'italienne

3 gousses d'ail émincées

450 g (1 lb) de petites pommes de terre nouvelles

225 g (1/2 lb) de petites pommes de terre rouges d'environ 4,4 cm
  (1 3/4 po) de diamètre

225 g (1/2 lb) de petites pommes de terre blanches d'environ 4,4 cm
  (1 3/4 po) de diamètre

5 ml (1 c. à thé) de sel (ou au goût)

5 ml (1 c. à thé) de poivre noir fraîchement moulu (ou au goût)

PRÉCHAUFFER LE FOUR à 205 °C (400 °F). Dans un grand bol, fouetter ensemble l'huile, les herbes de Provence et l'ail. Bien mélanger. Ajouter toutes les pommes de terre plus 5 ml (1 c. à thé) de sel et la même quantité de poivre. Remuer pour bien enduire le tout. À l'aide d'une cuillère à égoutter, déposer les pommes de terre sur une grande plaque à pâtisserie ; les espacer également-ment. Réserver pour le moment (ne pas laver le bol tout de suite).

Faire rôtir les pommes de terre 1 heure ou jusqu'à ce qu'elles soient tendres et dorées ; les tourner de temps à autre durant la cuisson. Remettre les pommes de terre dans le grand bol réservé. Remuer pour les enduire du reste d'huile et d'herbes présent dans le bol. Goûter et rectifier l'assaisonnement. Déposer dans un grand plat. Servir.

LÉGUMES-RACINES
aux fines herbes

Les légumes-racines sont particulièrement tolérants quand vient le temps du rôtissage : pas assez cuits, ils demeureront croustillants sous la dent, et il est assez difficile de trop les cuire au point où ils deviennent en purée. Voilà le mets idéal à préparer en accompagnement d'un plat principal qui demandera toute votre attention en fin de cuisson. Lorsque je réduis une sauce ou que je saute le veau, je n'aime pas songer que je devrai retirer les légumes du four à exactement 19 h 15, ce que je n'ai pas à faire avec cette recette.

Donne 6 portions en mets d'accompagnement

4 carottes moyennes donnant environ 450 g (1 lb), pelées et coupées
  dans le sens de la largeur en tranches de 3,75 cm (1 1/2 po)
4 panais moyens donnant environ 450 g (1 lb), pelés et coupés dans le
  sens de la largeur en tranches de 3,75 cm (1 1/2 po)
225 g (8 oz) de choux de Bruxelles, coupés en deux
1 grosse patate douce d'environ 225 g (8 oz), pelée et coupée dans le sens
  de la largeur en tranches de 3,75 cm (1 1/2 po)
80 ml (1/3 tasse) d'huile d'olive extravierge
15 ml (1 c. à table) d'origan séché
15 ml (1 c. à table) de basilic séché
5 ml (1 c. à thé) de thym séché
5 ml (1 c. à thé) de romarin séché
10 ml (2 c. à thé) de sel kasher (ou au goût)
10 ml (2 c. à thé) de poivre noir fraîchement moulu (ou au goût)

POSITIONNER LA GRILLE au centre du four et préchauffer ce dernier à 205 °C (400 °F). Dans un grand bol, combiner les carottes, le panais, les choux de Bruxelles, la patate douce, l'huile, les fines herbes, 10 ml (2 c. à thé) de sel de mer et la même quantité de poivre. Brasser pour bien enduire le tout. Répartir les légumes également sur une grande plaque à pâtisserie. Les faire rôtir 35 minutes ou jusqu'à ce qu'ils soient tendres et dorés ; les remuer de temps à autre durant la cuisson. Goûter et rectifier l'assaisonnement. (Les légumes peuvent être préparés 4 heures à l'avance. Avant de les servir, les réchauffer au four.) Déposer les légumes dans un plat. Servir.

QUOI DE PLUS FACILE !

Vous souhaitez parfois que vos légumes-racines rôtissent lentement, qu'ils soient sucrés et caramélisés. D'autres fois, vous aimeriez qu'ils soient d'un beau vert vif, de texture croustillante et qu'ils conservent un goût de fraîcheur ; en ce qui me concerne, c'est surtout le cas en été où les légumes existent en abondance et qu'ils sont à maturité. De plus, c'est une saison où on n'a pas nécessairement le goût de passer beaucoup de temps à la cuisinière ! On a cependant envie de légumes tout frais. Les recettes qui suivent répondront à vos attentes estivales.

Peut-être penserez-vous qu'il est « péché » d'utiliser une viande aussi luxueuse que le prosciutto pour préparer un plat de légumes. Je trouve cependant que c'est une façon géniale de relever un tel plat. Vous serez surpris de constater à quel point ce mets d'accompagnement est facile à réaliser. J'aime aussi ajouter une portion de cette recette à mes œufs brouillés au déjeuner. Essayez, et vous verrez que c'est délicieux.

DONNE 6 PORTIONS EN METS D'ACCOMPAGNEMENT

30 ml (2 c. à table) d'huile d'olive
3 oignons verts, hachés
1 gousse d'ail émincée
1 sac de 450 g (1 lb) de pois congelés
112 g (4 oz) de prosciutto tranché mince, coupé en dés
60 ml (1/4 tasse) de persil italien frais, haché
1 ml (1/4 c. à thé) de sel (ou au goût)
1 ml (1/4 c. à thé) de poivre fraîchement moulu (ou au goût)

poêle à frire en fonte, faire chauffer l'huile à feu moyennement doux. Ajouter les oignons verts et l'ail. Les faire sauter 1 minute ou jusqu'à ce qu'ils soient tendres. Incorporer les pois et faire sauter de nouveau 5 minutes ou jusqu'à ce que le tout soit bien chaud. Retirer la poêle du feu. Y ajouter le prosciutto, le persil, 1 ml (1/4 c. à thé) de sel et la même quantité de poivre. Goûter et rectifier l'assaisonnement. Déposer le mélange dans un bol. Servir.

RAPINIS SAUTÉS
aux raisins et aux pignons

Dans ma famille, on sert ce plat en accompagnement les jours de fête ; en fait, vous pouvez très bien le servir quand bon vous semble. Le secret pour réussir cette recette, c'est de faire blanchir les rapinis à l'eau bouillante durant 1 minute, le temps de les débarrasser de leur petit goût amer et de les faire cuire partiellement.

DONNE 4 À 6 PORTIONS EN METS D'ACCOMPAGNEMENT

30 ml (2 c. à table) de pignons
Sel
4 bottes de 375 à 420 g (12 à 16 oz) chacune de rapinis
60 ml (1/4 tasse) d'huile d'olive
3 gousses d'ail émincées
2 ml (1/2 c. à thé) de piment de Cayenne vroyé
80 ml (1/3 tasse) de raisins

PRÉCHAUFFER LE FOUR à 175 °C (350 °F). Placer les pignons sur une plaque à pâtisserie en fonte. Les faire griller au four 7 minutes ou jusqu'à ce qu'ils soient dorés et qu'ils dégagent leur parfum ; les remuer à mi-cuisson. Laisser refroidir.

Dans une grande marmite, amener l'eau salée à ébullition. En travaillant par lots, faire blanchir les rapinis 1 minute à l'eau bouillante ou jusqu'à ce qu'ils soient cuits mais encore croustillants. Transvaser les rapinis dans un grand bol d'eau glacée afin de les refroidir. Conserver 60 ml (1/4 tasse) du liquide de cuisson. Égoutter les rapinis. Réserver. (Les pignons et les rapinis peuvent être préparés 8 heures à l'avance. Conserver les pignons dans un bol hermétique à la température ambiante. Les couvrir et les réfrigérer avec les rapinis.)

Dans une grande poêle en fonte, faire chauffer l'huile à feu modéré. Y déposer l'ail et le piment de Cayenne, et faire sauter 2 minutes ou jusqu'à ce que l'ail soit doré. Ajouter les rapinis, les raisins et 1 ml (1/4 c. à thé) de sel. Remuer le tout pour bien enrober les ingrédients. Verser le liquide de cuisson réservé, et faire cuire le mélange 5 minutes ou jusqu'à ce que les rapinis soient bien chauds et que leurs tiges soient tendres. Goûter et rectifier l'assaisonnement. Avant de servir, recouvrir du mélange de pignons. Déposer dans un bol. Servir.

CHOUX DE BRUXELLES ET PANCETTA

Les choux de Bruxelles font partie de la famille des crucifères et, en fait, ce sont des choux miniatures. Ces petits choux ont eu du mal à se remettre de la tendance qui a frappé l'Amérique au milieu du xxᵉ siècle, une tendance fort répandue qui consistait à faire bouillir les légumes durant un temps indûment long, ce qui les réduisait en purée après leur avoir enlevé goût et couleur. Cette façon de faire est néfaste pour tous les légumes, particulièrement pour les choux qui, lorsqu'ils sont cuits correctement, nous offrent une texture croquante tout à fait merveilleuse, surtout s'ils sont jumelés à la pancetta, un produit salé et croustillant. Essayez cette recette et vous comprendrez pourquoi les Belges sont si fiers de prêter le nom de leur capitale à ces petits choux.

DONNE 4 PORTIONS EN METS D'ACCOMPAGNEMENT

450 g (1 lb) de choux de Bruxelles frais, parés
30 ml (2 c. à table) d'huile d'olive
85 g (3 oz) de pancetta tranchée mince, grossièrement hachée
2 gousses d'ail émincées
180 ml (3/4 tasse) de bouillon de poulet à faible teneur en sodium
2 ml (1/2 c. à thé) de poivre noir fraîchement moulu (ou au goût)
1 ml (1/4 c. à thé) de sel (ou au goût)

AMENER UNE GROSSE MARMITE d'eau salée à ébullition. Y déposer les choux de Bruxelles et les faire bouillir 10 minutes ou jusqu'à ce qu'ils soient croustillants et tendres. Les égoutter. Placer les choux de Bruxelles dans un grand bol rempli d'eau glacée pour les refroidir complètement. Égoutter de nouveau. (Jusqu'à ce stade de la recette, les choux de Bruxelles peuvent être préparés 8 heures à l'avance. Les assécher complètement et les réfrigérer dans un sac de conservation à fermoir.)

Entre-temps, dans une grande poêle à frire en fonte, faire chauffer l'huile à feu modéré. Ajouter la pancetta et la faire sauter 5 minutes ou jusqu'à ce qu'elle soit croustillante. Incorporer l'ail et faire sauter de nouveau 2 minutes ou jusqu'à ce que l'ail soit doré. À l'aide d'une cuillère à égoutter, transvaser le mélange de pancetta dans un grand bol de service. Dans la poêle déjà utilisée, ajouter les choux de Bruxelles et les faire sauter 5 minutes ou jusqu'à ce qu'ils soient bien chauds et qu'ils commencent à brunir. Incorporer le bouillon de poulet, 2 ml (1/2 c. à thé) de poivre et 1 ml (1/4 c. à thé) de sel. Laisser mijoter 3 minutes ou jusqu'à ce que le bouillon ait réduit suffisamment pour tout juste recouvrir les choux de Bruxelles.

Déposer le mélange de choux de Bruxelles dans celui de la pancetta. Bien remuer. Goûter et rectifier l'assaisonnement. Servir.

CAPONATA DE TOUS LES JOURS

La caponata est un de ces excellents plats de légumes servis en accompagnement dont seuls les Siciliens ont le secret ; un peu à la manière de la relish, elle relève le goût des rôtis de porc ou des poissons. Cette recette, dont la base est l'aubergine, nous offre une extraordinaire saveur aigre-douce, une des marques de commerce de la cuisine sicilienne, soit cette combinaison de sucre et de vinaigre qui nous procure une sensation de picotement en bouche. Dans notre famille, nous servons souvent la caponata comme antipasto ; nous la déposons sur des morceaux de pain grillé et nous aimons utiliser les restes comme garniture à sandwichs. Ce mets se mange chaud, froid ou à la température ambiante, ce qui en fait un extraordinaire plat de légumes à servir lors des réunions entre amis.

DONNE 6 PORTIONS EN METS D'ACCOMPAGNEMENT

60 ml (1/4 tasse) d'huile d'olive

1 branche de céleri, hachée

1 aubergine moyenne, coupée
en cubes de 1,25 cm (1/2 po)

1 oignon moyen, haché

1 poivron rouge, étrogné, épépiné
et coupé en morceaux de 1,25 cm
(1/2 po)

1 boîte de 435 g (14 1/2 oz) de
tomates en dés avec leur jus

45 ml (3 c. à table) de raisins

2 ml (1/2 c. à thé) d'origan séché

60 ml (1/4 tasse) de vinaigre de vin
rouge

20 ml (4 c. à thé) de sucre

15 ml (1 c. à table) de câpres
égouttées

2 ml (1/2 c. à thé) de sel (ou au goût)

2 ml (1/2 c. à thé) de poivre noir
fraîchement moulu (ou au goût)

Des feuilles de basilic frais pour la
décoration

DANS UNE GRANDE poêle à frire en fonte, faire chauffer l'huile à feu modéré. Y mettre le céleri et le faire sauter 2 minutes ou jusqu'à ce qu'il soit croquant et tendre. Ajouter l'aubergine et la faire sauter 2 minutes jusqu'à ce qu'elle commence à ramollir. Incorporer l'oignon et le faire sauter 3 minutes ou jusqu'à ce qu'il soit translucide. Ajouter le poivron rouge et le faire cuire 5 minutes ou jusqu'à ce qu'il soit croquant et tendre. Incorporer les tomates en dés et leur jus, les raisins et l'origan. Tout en remuant souvent, laisser mijoter le tout 20 minutes à feu moyennement doux ou jusqu'à ce que les saveurs se fusionnent et que le mélange ait épaissi. Incorporer le vinaigre de vin rouge, le sucre, les câpres, 2 ml (1/2 c. à thé) de sel et la même quantité de poivre. Goûter et rectifier l'assaisonnement. Déposer la caponata dans un bol et garnir de feuilles de basilic. Servir.

BROCOLI ET HARICOTS VERTS

Dans cette recette, vous serez peut-être surpris de remarquer que je blanchis le brocoli avant de le faire sauter. Je procède ainsi pour préserver la fraîcheur et le goût croquant du brocoli. J'adore faire sauter les légumes dans l'huile d'olive et l'ail, et sentir le parfum de cet heureux mélange mais, trop souvent, ces beaux légumes croustillants se transforment en quelque chose de graisseux et de tout mou. Quel gaspillage ! L'étape du blanchiment contribue à éviter ce problème, surtout pour les légumes grossièrement tranchés, par exemple les fleurs d'un bouquet de brocoli ; le blanchiment fait cuire les légumes partiellement et il ne reste qu'à les faire sauter pour en faire ressortir la saveur et la texture, l'idée n'étant pas de les faire cuire de part en part. En résumé, après avoir été blanchis, les légumes passent moins de temps à sauter dans l'huile et, par conséquent, ont moins de chances de former une purée.

DONNE 4 PORTIONS EN METS D'ACCOMPAGNEMENT

Sel
2 L (8 tasses) de fleurs de brocoli donnant environ 1 kg (2 lb), les tiges
    incluses
225 g (1/2 lb) de haricots verts, taillés
120 ml (1/2 tasse) d'huile d'olive extravierge
2 gousses d'ail émincées
7 ml (1 1/2 c. à thé) de piment de Cayenne broyé (ou au goût)
2 ml (1/2 c. à thé) de sel de mer (ou au goût)
2 ml (1/2 c. à thé) de poivre noir fraîchement moulu (ou au goût)

AMENER À ÉBULLITION une grande marmite d'eau salée. Y mettre le brocoli et le faire bouillir 2 minutes ou jusqu'à ce que sa couleur s'éclaircisse. À l'aide d'une cuillère à égoutter, déposer le brocoli dans un grand bol d'eau glacée et le laisser refroidir complètement. Égoutter et réserver.

Dans la même marmite d'eau bouillante, faire cuire les haricots verts 4 minutes ou jusqu'à ce que leur couleur pâlisse. Égoutter. Mettre les haricots dans un autre grand bol d'eau glacée et les laisser refroidir complètement. (Jusqu'à ce stade-ci de la recette, les légumes peuvent être préparés 8 heures à l'avance. Les assécher complètement et les réfrigérer dans un sac de conservation à fermoir.)

Dans une grande sauteuse, faire chauffer l'huile à feu moyennement élevé. Lorsque l'huile est prête, ajouter l'ail et 7 ml (1 1/2 c. à thé) de piment de Cayenne broyé. Faire sauter 45 secondes ou jusqu'à ce que l'ail ait rendu son parfum. À l'aide d'une cuillère à égoutter, retirer l'ail de l'huile et le jeter (ne pas trop faire cuire l'ail car il pourrait donner un goût très amer au plat). Incorporer le brocoli, les haricots verts, 2 ml (1/2 c. à thé) de sel de mer et la même quantité de poivre. Faire sauter de nouveau 5 minutes ou jusqu'à ce que les légumes soient bien chauds, croustillants et tendres. Goûter et rectifier l'assaisonnement. Déposer le mélange dans un bol. Servir immédiatement.

PURÉE DE POMMES DE TERRE AU PARMESAN

J'aime beaucoup les pommes de terre en purée, mais la plupart des recettes sont beaucoup trop longues à réaliser et demandent un peu trop d'huile de bras. Pour économiser du temps, j'écrase les pommes de terre cuites avec leur pelure à l'aide d'une fourchette, et j'y ajoute de l'huile d'olive et du parmesan pour les rendre riches et veloutées. Et c'est tout !

DONNE 6 À 8 PORTIONS EN METS D'ACCOMPAGNEMENT

1,4 kg (3 lb) de pommes de terre rouges avec leur pelure, coupées en quartiers
160 ml (2/3 tasse) de parmesan fraîchement râpé
120 ml (1/2 tasse) d'huile d'olive extravierge
Sel, et poivre noir fraîchement moulu (au goût)

METTRE LES POMMES DE TERRE dans une grande marmite d'eau et les recouvrir d'au moins 5 cm (2 po) d'eau. À couvert, amener l'eau à ébullition. Poursuivre la cuisson 15 minutes ou jusqu'à ce que les pommes de terre soient tendres. Les égoutter et réserver 180 ml (3/4 tasse) du liquide de cuisson. Remettre les pommes de terre dans la marmite. À l'aide d'une fourchette, les hacher grossièrement ; ajouter assez de liquide de cuisson pour bien humidifier la préparation. Incorporer le parmesan et l'huile. Goûter et rectifier l'assaisonnement. Servir.

N'hésitez pas à utiliser les
légumes de votre choix.

LÉGUMES GRILLÉS

Non seulement ces légumes sont-ils beaux et délicieux, mais aussi se cuisent-ils rapidement. Tout se fait sans gâchis. La préparation peut être servie à toute température et, de plus, être faite à l'avance. Les restes garniront sandwichs et salades, serviront de condiments ou composeront de délicieux plats d'accompagnement.

DONNE 6 PORTIONS EN METS D'ACCOMPAGNEMENT

3 poivrons rouges, épépinés et coupés en quartiers

3 courges jaunes donnant environ 450 g (1 lb), coupées en rondelles
de 1,25 cm (1/2 po) d'épaisseur

3 courgettes donnant environ 340 g (12 oz), coupées en rondelles de
1,25 cm (1/2 po) d'épaisseur

3 aubergines japonaises donnant environ 340 g (12 oz), coupées en
rondelles de 1,25 cm (1/2 po) d'épaisseur

12 champignons café ou champignons de Paris blancs

1 botte d'asperges d'environ 450 g (1 lb), parée

12 oignons verts, taillés

60 ml (1/4 tasse) plus 30 ml (2 c. à table) d'huile d'olive

7 ml (1 1/2 c. à thé) de sel (ou au goût)

7 ml (1 1/2 c. à thé) de poivre noir fraîchement moulu (ou au goût)

45 ml (3 c. à table) de vinaigre balsamique

1 gousse d'ail émincée

5 ml (1 c. à thé) de persil italien frais, haché

5 ml (1 c. à thé) de basilic frais, haché

2 ml (1/2 c. à thé) de romarin frais, finement haché

PRÉPARER LES BRIQUETTES ou allumer le gril à gaz à intensité moyennement élevée ou encore préchauffer une poêle à fond cannelé à intensité modérée. Badigeonner les légumes de 60 ml (1/4 tasse) d'huile pour les enduire légèrement. Les saupoudrer de 5 ml (1 c. à thé) de sel et de la même quantité de poivre. En travaillant par lots, faire griller les légumes jusqu'à ce qu'ils soient tendres et légèrement brûlés, soit environ 12 minutes pour les poivrons, 7 minutes pour les courges jaunes, les courgettes, les aubergines et les champignons, et 4 minutes pour les asperges et les oignons verts. Déposer les légumes dans un plateau.

Dans un petit bol, fouetter ensemble le vinaigre, l'ail, le persil, le basilic, le romarin, 30 ml (2 c. à table) d'huile, 2 ml (1/2 c. à thé) de sel et la même quantité de poivre. Goûter et rectifier l'assaisonnement. Verser le mélange en filet sur les légumes. Servir tiède ou à la température ambiante.

SALADES
de tous les jours

Comme bien des gens, j'aime préparer une salade composée d'un beau mélange de laitues et avoir le plaisir de l'arroser de ma vinaigrette préférée. Vous n'avez sûrement pas besoin d'un livre de recettes pour vous dire comment faire cela, n'est-ce pas ? Pour moi, le mot « salade » signifie plus que l'assemblage de feuilles de laitue et de légumes crus. J'adore faire vibrer davantage les textures et les saveurs, et surprendre par ma créativité, ce que vous allez découvrir dans les recettes qui suivent.

ENDIVES, LAITUE FRISÉE,
oranges sanguines et noisettes

Les Italiens n'ont aucune réticence à utiliser des légumes verts au goût épicé et légèrement amer dans leurs salades, ce qui devrait être aussi votre cas. L'endive (de la famille de la chicorée) est petite ; elle présente des feuilles lisses et pâles (blanches) et des bouts jaunes. Elle peut être mangée crue (comme dans la salade), grillée ou rôtie — les possibilités sont infinies. La laitue frisée, d'un jaune teinté de vert, est munie de feuilles plus fines et ondulées. Les oranges sanguines ajoutent une légère touche aigre-douce et une couleur rafraîchissante à la salade — ce sont des oranges dont la chair est soit d'un rouge vif, soit d'un blanc parsemé de filets rouges. La garniture, les noix, les quartiers d'orange et les laitues peuvent être préparés à l'avance, ce qui évite les courses de dernière minute.

DONNE 6 PORTIONS EN METS D'ACCOMPAGNEMENT

60 ml (1/4 tasse) de vinaigre
   balsamique
30 ml (2 c. à table) d'oignons verts
   finement hachés
15 ml (1 c. à table) de miel
80 ml (1/3 tasse) d'huile d'olive ou
   d'huile de noisette
Sel, et poivre noir fraîchement moulu
   (au goût)

3 têtes d'endives, parées et coupées
   en minces tranches dans le sens de
   la largeur
2 têtes de laitue frisée, les feuilles du
   centre seulement, déchiquetées
2 oranges sanguines ou oranges
   ordinaires, en quartiers
120 ml (1/2 tasse) de noisettes, grillées
   et hachées (voir plus bas)

DANS UN BOL DE FORMAT MOYEN, fouetter ensemble le vinaigre balsamique, les oignons verts et le miel. Bien mélanger. Ajouter graduellement l'huile. Assaisonner au goût avec du sel et du poivre.

Dans un grand bol, verser assez de vinaigrette pour bien enduire les endives et la laitue frisée. Remuer. Goûter et rectifier l'assaisonnement. Déposer une bonne portion de salade dans les assiettes. Répartir les quartiers d'orange tout autour. Saupoudrer de noisettes. Verser ce qui reste de vinaigrette autour de la salade. Servir immédiatement.

Pour faire griller les noisettes, *préchauffer le four à 175 °C (350 °F). Placer les noix sur une grande plaque à pâtisserie et, tout en remuant de temps à autre, les faire griller au four 7 minutes ou jusqu'à ce qu'elles soient dorées et qu'elles aient rendu leur parfum. Les laisser refroidir complètement. Frotter les noisettes entre les paumes des mains pour en enlever la peau foncée. Les hacher au robot culinaire ou les envelopper dans un linge à vaisselle et les taper avec le dos d'un couteau de chef.*

SALADE DE FARRO
aux tomates et aux fines herbes

Le mot farro signifie « épeautre », un type de blé qui faisait partie intégrante des régimes diététiques sous l'Empire romain, mais qui a perdu de sa popularité lorsque d'autres types de blé plus raffinés sont apparus en grandes quantités en Italie. Malgré tout, le farro se retrouve encore dans plusieurs mets italiens, particulièrement dans les soupes et les salades, comme la recette que je vous présente ici. Vous pouvez vous procurer des grains d'épeautre dans les marchés italiens et dans les épiceries fines. Cependant, le riz brun ou l'orge sont d'excellents substituts.

DONNE 6 PORTIONS EN METS D'ACCOMPAGNEMENT

280 g (10 oz) d'épeautre, soit environ 360 ml (1 1/2 tasse)
11 ml (2 1/4 c. à thé) de sel (ou au goût)
1 grosse gousse d'ail émincée
30 ml (2 c. à table) de vinaigre balsamique
1 ml (1/4 c. à thé) de poivre noir fraîchement moulu (ou au goût)
60 ml (1/4 tasse) d'huile d'olive extravierge
2 tomates moyennes, épépinées et hachées
1/2 oignon sucré de grosseur moyenne (comme le Walla Walla),
  finement haché
60 ml (1/4 tasse) de ciboulette fraîche, ciselée
60 ml (1/4 tasse) de persil italien frais, finement haché

DANS UNE CASSEROLE de format moyen, mélanger 1 L (4 tasses) d'eau et l'épeautre. À feu élevé, porter le mélange à ébullition. Couvrir et laisser mijoter 20 minutes à feu moyennement doux ou jusqu'à ce que le grain d'épeautre soit presque tendre. Ajouter 10 ml (2 c. à thé) de sel et laisser mijoter 10 minutes de plus, le temps que le grain d'épeautre soit bien tendre. Égoutter. Déposer dans un grand bol et laisser refroidir.

Dans un bol de format moyen, écraser l'ail avec 1 ml (1/4 c. à thé) de sel pour en faire une pâte. Tout en fouettant, ajouter le vinaigre et 1 ml (1/4 c. à thé) de poivre, puis l'huile. Incorporer à l'épeautre les tomates, l'oignon, la ciboulette et le persil. Remuer pour bien mélanger le tout. Ajouter la vinaigrette à la salade et remuer pour bien enrober les ingrédients. Goûter et rectifier l'assaisonnement. (La salade peut être préparée 1 journée à l'avance. La couvrir avant de la réfrigérer. Avant de servir, l'amener à la température ambiante.)

PANZANELLA

Le mot panzanella *est dérivé du mot latin* panis *signifiant « pain ». Ce mets illustre bien la créativité des Italiens quand vient le temps d'apprêter les restes des repas familiaux. La clé de cette recette est le pain rassis — non du pain frais — qui va chercher toutes les saveurs de la salade, et ce, sans se défaire et devenir tout mou. Au XVIe siècle, la panzanella était uniquement faite de pain, d'huile et de vinaigre. Les tomates sont apparues en Italie durant cette période, mais ce n'est que deux siècles plus tard qu'elles ont commencé à être consommées dans le Sud, là où elles étaient cultivées. Maintenant, tous les Italiens du pays de la Botte adorent les tomates et cette salade est devenue un incontournable.*

DONNE 6 PORTIONS EN METS D'ACCOMPAGNEMENT

6 tomates mûres donnant environ 1 kg (2 1/4 lb)
340 g (12 oz) de pain ciabatta ou tout autre pain blanc de campagne,
    vieux de 2 à 3 jours
160 ml (2/3 tasse) plus 60 ml (4 c. à table) d'huile d'olive extravierge
60 ml (1/4 tasse) plus 30 ml (2 c. à table) de vinaigre de vin rouge
1 gousse d'ail émincée
3 ml (3/4 c. à thé) de sel (ou au goût)
3 ml (3/4 c. à thé) de poivre noir fraîchement moulu (ou au goût)
120 ml (1/2 tasse) de basilic frais finement tranché, plus des brindilles
    pour la décoration
60 ml (1/4 tasse) de câpres, égouttées
1 pot de poivrons rouges rôtis en lanières, égouttés
60 ml (1/4 tasse) d'olives dénoyautées de Kalamata, coupées en deux dans
    le sens de la longueur

AMENER À ÉBULLITION une grande casserole d'eau. Préparer un grand bol d'eau glacée. À l'aide d'un couteau, faire un « X » à la base de chacune des tomates. Les plonger 10 secondes dans l'eau bouillante. Avec une cuillère à égoutter, transvaser les tomates dans l'eau glacée afin de les faire refroidir. À l'aide d'un couteau d'office tranchant, retirer la peau des tomates et couper ces dernières en moitiés. À la cuillère, épépiner les tomates. Les couper en cubes de 2,50 cm (1 po).

Enlever la croûte du pain. Couper ou rompre le pain en cubes de 2,50 cm (1 po). Dans un grand bol, fouetter ensemble 160 ml (2/3 tasse) d'huile, 60 ml

(1/4 tasse) de vinaigre, l'ail, 2 ml (1/2 c. à thé) de sel et la même quantité de poivre. Bien mélanger. Incorporer les cubes de pain, les tomates et le basilic tranché. Remuer de nouveau pour bien mélanger. Tout en remuant de temps à autre, réserver 5 minutes ou le temps que le pain ait bien absorbé la vinaigrette. Goûter et rectifier l'assaisonnement.

Dans un petit bol, faire tremper les câpres 10 minutes dans le reste du vinaigre, soit 30 ml (2 c. à table). Égoutter. Dans un autre petit bol, couvrir les poivrons rôtis de 30 ml (2 c. à table) d'huile et remuer pour bien les imbiber. Assaisonner de 1 ml (1/4 c. à thé) de sel et de la même quantité de poivre.

Transférer la moitié du mélange de pain dans un plat en verre de 32,5 cm x 22,5 cm x 5 cm (13 po x 9 po x 2 po). Y déposer la moitié des poivrons rôtis, les câpres et les olives. Répéter l'opération avec le reste du mélange de pain pour former une seconde couche, et ajouter ce qui reste de poivrons, de câpres et d'olives. Couvrir la salade et la laisser reposer de 1 à 4 heures à la température ambiante pour que les saveurs se mêlent.

Verser sur la salade les derniers 30 ml (2 c. à table) d'huile. Décorer de brindilles de basilic. Servir.

Voici d'autres bonnes idées *pour le pain rassis. Pour faire de la chapelure, couper le pain rassis en morceaux et placer ces derniers dans le bol d'un robot culinaire. Actionner l'appareil jusqu'à l'obtention d'une fine chapelure. Pour faire des croûtons, couper le pain rassis en petits morceaux et placer ces derniers sur une plaque à pâtisserie. Les badigeonner d'huile d'olive et les mettre dans un four préchauffé à 175 °C (350 °F) ; les faire rôtir 8 minutes ou jusqu'à ce qu'ils soient bien dorés.*

dolci

de tous les jours

FRUITS DE TOUS LES JOURS

Salade de fruits aux cannolis crémeux • Pêches grillées au mascarpone • Pêches farcies aux biscuits amaretti • Cantaloup, fraises et raisins au vin blanc et à la menthe • Fraises marinées sur un quatre-quarts • Ananas grillé et Nutella^{MD}

CRÈMES ET POUDINGS DE TOUS LES JOURS

Affogato • Zabaglione au chocolat • Tiramisù au chocolat • Pouding au riz à la vanille, à l'orange et au rhum • Panna cotta aux petits fruits frais

BISCUITS ET GÂTEAUX DE TOUS LES JOURS

Gâteau aux amandes • Gâteau au chocolat et aux biscuits amaretti • Citrus Biscotti • Biscuits aux pignons • Gâteau quatre-quarts au mascarpone et à l'amaretto

FRUITS
de tous les jours

Les Italiens aiment terminer leur repas avec des fruits, et pas nécessairement avec ceux qui composent les tartes riches en corps gras, fort populaires en Amérique et si longues à préparer. En Italie, les fruits —
comme bien d'autres ingrédients d'ailleurs — se préparent en toute simplicité : grillés, pochés, crus, cuits au four avec une petite larme de ceci
ou de cela. Les Italiens se rabattent sur la saveur naturelle des fruits et
préfèrent ne pas en altérer le goût en utilisant farine, sucre et beurre. Ils
veulent tout simplement manger des fruits et en goûter la saveur exquise.
Par contre, les fruits doivent être à la hauteur des attentes et, puisque les
saisons changent, il faut tenir compte de cette variable. Ainsi, vous
pouvez toujours préparer une belle tourte aux pêches lorsque ces
dernières sont hors saison, mais il ne faut surtout pas penser à faire griller
les pêches pour les servir avec du mascarpone.

SALADE DE FRUITS
aux cannolis crémeux

Les cannoli (cornets) sont reconnus comme étant le pilier inébranlable de tous les desserts siciliens et, de nos jours, on peut se les procurer dans la plupart des pâtisseries italiennes en Amérique. Ce sont des tubes frits et croustillants garnis de fromage ricotta sucré ou d'une merveilleuse crème pâtissière. Ces cornets sont très longs à préparer ; alors, on les achète. La garniture, quant à elle, est facile à faire. En garniture sur de petits fruits frais, c'est un délice... qui me ramène au pays de mon enfance.

DONNE 4 PORTIONS

80 ml (1/3 tasse) de ricotta fait de lait entier

30 ml (2 c. à table) plus 80 ml (1/3 tasse) de crème à fouetter

45 ml (3 c. à table) de sucre en poudre

Une pincée de cannelle moulue

600 ml (2 1/2 tasses) de fraises fraîches, équeutées et coupées en quatre

300 ml (1 1/4 tasse) de framboises fraîches

15 ml (1 c. à table) de sucre granulé

15 ml (1 c. à table) de jus de citron frais

2 kiwis, pelés et coupés en morceaux de 1,25 cm (1/2 po)

45 ml (3 c. à table) d'amandes effilées, rôties

DANS UN BOL de format moyen, mélanger le ricotta et 30 ml (2 c. à table) de crème. Dans un grand bol, au malaxeur électrique, battre le reste de la crème, soit 80 ml (1/3 de tasse) avec le sucre en poudre et la cannelle jusqu'à l'obtention de pointes semi-fermes. Ajouter le ricotta. (Le mélange peut être préparé 4 heures à l'avance. Le couvrir avant de le réfrigérer.)

Dans un bol de format moyen, combiner les fraises, les framboises, le sucre et le jus de citron. Tout en remuant occasionnellement, laisser reposer 20 minutes ou jusqu'à ce que les fruits ait rendu leur jus. Ajouter les kiwis et remuer délicatement.

À la cuillère, verser le mélange de fruits dans 4 bols à dessert. Garnir de crème au ricotta et saupoudrer d'amandes effilées. Servir.

PÊCHES GRILLÉES
au mascarpone

En été, j'aime acheter de gros sacs ou de pleins paniers de pêches au marché. Je mange celles qui sont parfaitement mûres rapidement et je me sers des plus fermes (tout de même mûres) pour préparer ce merveilleux duo. Assurez-vous que vos pêches sont assez fermes pour réaliser cette recette, sinon elles se déferont en morceaux sur le gril. Déposer le mélange de fromage à la toute dernière minute pour ainsi en conserver toute la fraîcheur.

Donne 6 portions

30 ml (2 c. à table) de sucre granulé
30 ml (2 c. à table) de brandy
15 ml (1 c. à table) de jus de citron frais
Huile d'olive
3 pêches mûres mais fermes, dénoyautées et coupées en quartiers
120 ml (1/2 tasse) de fromage mascarpone à la température ambiante
1 ml (1/4 c. à thé) d'extrait de vanille
180 ml (3/4 tasse) de vin blanc sec

DANS UN BOL DE FORMAT MOYEN, combiner le sucre, le brandy et le jus de citron. Réserver.

Préparer les briquettes ou allumer le gril à gaz à intensité moyenne-élevée ou encore préchauffer une poêle à fond cannelé à la même intensité. Badigeonner légèrement d'huile la grille ou la poêle. Tout en les tournant de temps à autre, faire griller les pêches 5 minutes ou jusqu'à ce qu'elles soient bien chaudes et qu'elles commencent à brunir. Les déposer immédiatement dans le mélange de brandy et les remuer pour bien les enduire. Réserver 15 minutes en remuant à l'occasion.

Entre-temps, dans un petit bol, mélanger le mascarpone et l'extrait de vanille.

Répartir le mélange de pêches dans 6 coupes à dessert. Verser le vin sur les pêches. Garnir d'une bonne cuillérée du mélange de mascarpone. Servir.

PÊCHES FARCIES
aux biscuits amaretti

Les biscuits amaretti constituent le gage de réussite de cette recette ; aucune autre sorte de biscuits ne peut égaler leur texture croquante et leur saveur d'amandes si caractéristiques. Leur popularité grandissante fait en sorte que nous pouvons en acheter dans les supermarchés et dans les épiceries fines. Leur durée de conservation est très longue ; alors, lorsque vous en trouvez, profitez-en pour faire des provisions.

Donne 6 portions

80 ml (1/3 tasse) de crème à fouetter froide
20 ml (4 c. à thé) de beurre non salé
12 petits biscuits amaretti (macarons italiens) donnant environ 42 g
  (1 1/2 oz)
3 pêches mûres mais fermes d'environ 140 g (5 oz) chacune, coupées en
  deux et dénoyautées
15 ml (3 c. à thé) de sucre granulé

DANS UN BOL de format moyen, à l'aide d'un malaxeur électrique, battre la crème jusqu'à l'obtention de pointes molles. Couvrir et réfrigérer la crème fouettée jusqu'au moment de l'utiliser.

Préchauffer le four à 190 °C (375 °F). Étendre 5 ml (1 c. à thé) de beurre dans le fond d'un plat carré de 20 cm x 20 cm (8 po x 8 po) allant au four. Dans le bol d'un robot culinaire, hacher les biscuits amaretti jusqu'à l'obtention d'une fine chapelure. À l'aide d'une cuillère parisienne, enlever la chair rouge au centre de chaque moitié de pêche. Déposer les pêches, côté coupé sur le dessus, dans le plat préparé à cet effet. Remplir la partie centrale de chaque pêche de la chapelure aux biscuits amaretti. Garnir chacune des moitiés de pêche de 2 ml (1/2 c. à thé) de beurre et saupoudrer de 2 ml (1/2 c. à thé) de sucre. (La crème fouettée et les pêches peuvent être préparées 4 heures à l'avance. Garder la crème fouettée au réfrigérateur. Couvrir les pêches avant de les réfrigérer.)

Faire cuire les pêches au four 30 minutes ou jusqu'à ce qu'elles soient tendres et que la garniture soit croustillante. Servir chaud avec la crème fouettée.

CANTALOUP, FRAISES ET RAISINS
au vin blanc et à la menthe

À l'origine, cet exquis dessert aux fruits a été conçu avec les restes d'un demi-cantaloup, d'une poignée de fraises et d'une ou deux grappes de raisins. Il n'y a pas de quoi nourrir une armée mais, réunis dans un bol, ces ingrédients composent un très bon dessert pour la famille. Laissez votre imagination vous guider quant au choix des fruits à utiliser, que ce soit ceux que vous préférez ou ceux que vous avez sous la main. Le goût sucré du vin et celui de la menthe fraîche se fondent avec les saveurs des fruits pour donner un merveilleux petit dessert rafraîchissant, rapide et facile à faire. Une recette parfaite pour les belles journées d'été.

DONNE 4 PORTIONS

300 ml (1 1/4 tasse) de vin blanc sec
80 ml (1/3 tasse) de sucre granulé
15 ml (1 c. à table) de menthe fraîche, hachée
1/2 cantaloup mûr, coupé en deux, épépiné et découpé en cubes de
   2 cm (3/4 po) donnant environ 720 ml (3 tasses)
1 contenant de 225 g (8 oz) de fraises fraîches, coupées en quatre
240 ml (1 tasse) de raisins verts sans pépins, coupés en deux dans le
   sens de la longueur

DANS UNE PETITE CASSEROLE, amener le vin et le sucre au point d'ébullition ; remuer jusqu'à ce que le sucre soit dissous. Faire bouillir 2 minutes. Retirer du feu et incorporer la menthe.

Dans un grand bol, mélanger le cantaloup, les fraises et les raisins. Verser le mélange tiède de vin sur les fruits et remuer pour bien enduire ces derniers. Couvrir. Réfrigérer au moins 2 heures, voire 8 heures ; remuer de temps à autre.

Déposer le mélange de fruits dans des bols à dessert. Servir bien froid.

FRAISES MARINÉES
sur un quatre-quarts

Une recette facile et un dessert tout simplement délicieux.

900 ml (4 tasses) de fraises fraîches, équeutées et coupées en deux
80 ml (1/3 tasse) de vinaigre balsamique vieilli
15 à 30 ml (1 à 2 c. à table) de sucre granulé
80 ml (1/3 tasse) de crème à fouetter froide
4 tranches de quatre-quarts (*pound cake*) frais d'environ 1,25 cm
   (1/2 po) d'épaisseur chacune
80 ml (1/3 tasse) d'amaretto
6 biscuits amaretti (macarons italiens) émiettés (optionnel)

DANS UN PETIT RÉCIPIENT ROND peu profond, combiner les fraises et le vinaigre. Laisser reposer 20 minutes à la température ambiante. Sucrer au goût.

Dans un bol de format moyen, au mélangeur électrique, battre la crème jusqu'à l'obtention de pointes molles. Couvrir et réfrigérer la crème fouettée jusqu'au moment de l'utiliser. (La crème fouettée peut être préparée 4 heures à l'avance. La garder au réfrigérateur.)

Placer une tranche de quatre-quarts dans 4 assiettes et badigeonner d'amaretto. À l'aide d'une cuillère, étendre le mélange de fraises sur chacune des tranches et y déposer une portion de crème fouettée. Si désiré, garnir de miettes de biscuits amaretti. Servir.

Même si les **tranches d'ananas en conserve** ne seraient pas mon premier choix, vous pouvez les utiliser à condition de **bien les assécher avant de les faire griller**.

ANANAS GRILLÉ
et Nutella^{MD}

Qu'est-ce que vient faire l'ananas dans un livre de recettes italiennes ? L'ananas n'a rien d'italien, mais la garniture au Nutella^{MD}, elle, oui ! En Italie, la consommation de cette tartinade de noisettes et de chocolat est presque devenue un culte. Alors, la recette que je vous présente ici pourrait facilement être perçue comme italo-américaine. Le fait de faire griller l'ananas en améliore le goût sucré, y incruste de belles stries du gril et, bien sûr, le réchauffe. Alors, imaginez du Nutella^{MD} fondant et de petits morceaux de noisettes comme garniture ! Pouvez-vous vraiment résister ?

DONNE 6 PORTIONS

60 ml (1/4 tasse) de noisettes
1 ml (1/4 c. à thé) d'extrait de vanille
80 ml (1/3 tasse) de fromage mascarpone
80 ml (1/3 tasse) de tartinade de noisettes et de chocolat
  (comme le Nutella^{MD})
45 ml (3 c. à table) de crème à fouetter
Huile d'olive
1 ananas, pelé et coupé dans le sens de la largeur en tranches
  de 1,25 cm (1/2 po) d'épaisseur

PRÉCHAUFFER LE FOUR à 175 °C (350 °F). Mettre les noisettes sur une grande plaque à pâtisserie en fonte et, tout en les remuant de temps à autre, les faire griller au four 7 minutes, ou jusqu'à ce que les noix soient légèrement dorées au centre et qu'elles aient rendu leur parfum. Les laisser refroidir complètement. Les frotter dans les paumes des mains pour en retirer les peaux foncées. Hacher et réserver.

Dans un petit bol, mélanger légèrement la vanille et le mascarpone. Réserver. Dans un autre petit bol, combiner la tartinade au chocolat et la crème. Mettre au micro-ondes 1 minute pour bien chauffer le mélange en remuant aux 20 secondes.

Préparer les briquettes ou allumer le gril à gaz à intensité moyenne-élevée ou encore préchauffer une poêle à fond cannelé à la même intensité. Huiler légèrement la grille ou la poêle. Faire griller les tranches d'ananas 3 minutes de chaque côté ou jusqu'à ce qu'elles commencent à brunir et qu'elles soient bien chaudes.

Déposer les tranches d'ananas dans un grand plateau et y verser délicatement la sauce chaude au chocolat. À la cuillère, garnir du mélange au mascarpone. Saupoudrer de noisettes. Servir.

CRÈMES ET POUDINGS
de tous les jours

Ces très riches crèmes et poudings constituaient souvent la grande finale des repas familiaux de mon enfance — et vous les reconnaîtrez peut-être pour les avoir vus au menu de plusieurs restaurants italiens. Bien que certains de ces desserts ne soient pas aussi faciles à faire que de griller des pêches, ils ne sont pas très compliqués à réaliser, et doubler ou tripler la recette est un jeu d'enfant. Vous obtiendrez des desserts parfaits et toute la famille vous en remerciera.

AFFOGATO

Ce dessert est la version italienne de la coupe glacée au chocolat. Traditionnellement, elle est faite de crème glacée à la vanille, mais j'adore le chocolat ; alors, pourquoi pas ?

Donne 4 portions

80 ml (1/3 tasse) de crème à fouetter froide
120 ml (1/2 tasse) d'eau bouillante
15 ml (1 c. à table) de poudre à expresso
450 ml (2 tasses) de crème glacée (*gelato*) au chocolat

DANS UN BOL de format moyen, au mélangeur électrique, battre la crème jusqu'à l'obtention de pointes molles. Couvrir et réfrigérer la crème fouettée jusqu'au moment de l'utiliser. (La crème fouettée peut être préparée 4 heures à l'avance. La garder au réfrigérateur.)

Dans une tasse à mesurer en verre de 240 ml (1 tasse), fouetter la poudre de café expresso dans l'eau bouillante afin de la dissoudre. À l'aide d'une cuillère à glace, déposer la crème glacée dans 4 bols à dessert ou dans 4 verres. Y verser 30 ml (2 c. à table) d'expresso très chaud. Garnir de crème fouettée. Servir immédiatement.

ZABAGLIONE AU CHOCOLAT

Le traditionnel zabaglione n'est pas au chocolat, mais il est servi froid ou chaud accompagné de petits fruits, comme la recette que je vous présente ici. « Alors, pourquoi y ajouter du chocolat ? » me demanderez-vous. Pour en faire quelque chose de si incroyablement riche et spécial que personne, et je dis bien absolument personne, ne pourra y résister. Servez cette petite merveille lorsque vous aurez une « grande » faveur à demander.

Donne 6 portions

60 ml (1/4 tasse) de crème à fouetter
120 ml (1/2 tasse) de pépites de chocolat semi-sucré
160 ml (2/3 tasse) de sucre granulé
160 ml (2/3 tasse) de vin sec de Marsala
8 gros jaunes d'œufs
Une pincée de sel
450 g (1 lb) de fraises fraîches, équeutées et coupées en quatre

DANS UNE PETITE casserole en fonte, à feu moyennement élevé, amener doucement la crème à mijoter. Retirer du feu. Ajouter les pépites de chocolat. Remuer jusqu'à ce que le chocolat soit fondu et que la texture soit lisse. Réserver et garder au chaud.

Remplir une grande casserole avec assez d'eau pour arriver à 5 cm (2 po) des rebords, et amener au point d'ébullition. Dans un grand bol de métal, fouetter le sucre, le vin de Marsala, les jaunes d'œufs et le sel. Bien mélanger. Installer le bol sur le dessus de la casserole contenant l'eau qui mijote (il ne faut pas que le fond du bol touche à la surface de l'eau). Fouetter constamment le mélange d'œufs durant 4 minutes ou jusqu'à ce qu'il soit épais et crémeux, et qu'un thermomètre qui y est plongé indique 75 °C (160 °F). Retirer du feu.

À l'aide d'une grande spatule en caoutchouc, incorporer le mélange de chocolat au mélange d'œufs. (Si vous voulez servir le zabaglione froid, le couvrir et le réfrigérer au moins 8 heures, voire 24 heures.)

Répartir les fraises dans 6 coupes à dessert. Verser le zabaglione chaud sur les fraises. Servir.

TIRAMISÙ AU CHOCOLAT

À première vue, vous pouvez penser que ce dessert est compliqué à faire mais chacune des étapes à suivre est très facile, et ce sera un succès monstre à l'heure du souper. J'aime préparer le tiramisù la veille, de sorte que les biscuits ont tout le temps nécessaire pour absorber les différentes saveurs et le tiramisù celui de prendre sa forme. Le mot tiramisù signifie « ramasse-moi » et, croyez-moi, vos invités ne se priveront pas de le faire lorsque vous leur présenterez cet extraordinaire dessert.

DONNE 12 PORTIONS

1 contenant de 225 g (8 oz) de fromage mascarpone
180 ml (3/4 tasse) de crème à fouetter
160 ml (2/3 tasse) de sucre granulé
« Zabaglione au chocolat » (page 234), froid
600 ml (2 1/2 tasses) de café expresso, froid
32 Savoiardi (biscuits croquants en forme de doigts de dame) provenant
   de 2 paquets de 200 g (7 oz)
Poudre de cacao non sucrée, à tamiser

DANS UN GRAND BOL, brasser le fromage mascarpone à deux reprises ou juste assez pour qu'il devienne lisse (ne pas trop le brasser car il deviendra trop ferme.) Dans un bol de format moyen, au malaxeur électrique, battre la crème à fouetter et 80 ml (1/3 tasse) de sucre jusqu'à l'obtention de pointes molles. Incorporer la crème fouettée au fromage mascarpone, puis le zabaglione au chocolat. Couvrir et réfrigérer.

Chemiser d'une pellicule plastique un moule à pain en métal de 22 cm x 12,5 cm x 7,5 cm (9 po x 5 po x 3 po) ; laisser la pellicule déborder sur les côtés du moule. Dans un bol de format moyen, fouetter le café expresso avec les derniers 80 ml (1/3 tasse) de sucre. Bien mélanger.

En travaillant un biscuit à la fois, faire tremper 8 biscuits dans l'expresso et les déposer sur une seule couche, côte à côte, dans le moule préparé à cet effet. À la cuillère, étendre le tiers du mélange de mascarpone sur les biscuits pour les recouvrir. Répéter les deux dernières opérations à deux reprises. Faire tremper les 8 derniers biscuits dans l'expresso et les disposer, côte à côte, sur le dessus du tiramisù. Appliquer une légère pression sur les biscuits pour les enfoncer quelque peu (le dernier étage sera plus haut que les côtés du moule.) Couvrir le tiramisù d'une pellicule plastique et le réfrigérer au moins 2 heures, voire 1 journée.

Retirer la pellicule plastique sur le dessus du tiramisù. Inverser le tiramisù dans un plateau et retirer l'autre pellicule plastique. Tamiser de cacao le tiramisù. Servir.

POUDING AU RIZ
à la vanille, à l'orange et au rhum

L'orange et le rhum donnent à ce pouding au riz une saveur différente de celle à laquelle vous êtes probablement habitué. Le rhum n'est pas une composante typique de la cuisine italienne, mais je me suis permis d'infuser un goût de Nouveau Monde à une recette du Vieux Continent.

DONNE 4 À 6 PORTIONS

1,2 L (5 tasses) de lait entier
160 ml (2/3 tasse) de riz arborio ou du riz blanc à grains moyens
1 gousse de vanille, séparée dans le sens de la longueur
120 ml (1/2 tasse) de sucre granulé
10 ml (2 c. à thé) de rhum foncé
5 ml (1 c. à thé) de zeste d'orange râpé
Quartiers d'orange

DANS UNE CASSEROLE en fonte de format moyen, combiner le lait et le riz. Gratter les graines de la gousse de vanille et les ajouter avec la gousse. Amener le lait au point d'ébullition. Réduire le feu à intensité modérée et, tout en remuant fréquemment, laisser mijoter 25 minutes ou jusqu'à ce que le riz soit tendre. Incorporer le sucre, le rhum et le zeste d'orange. Poursuivre la cuisson 10 minutes de plus ou jusqu'à ce que le mélange ait épaissi. Jeter la gousse de vanille. À l'aide d'une cuillère, verser le pouding au riz dans des bols. Couvrir et réfrigérer au moins 5 heures, voire 1 journée. Servir avec des quartiers d'orange.

PANNA COTTA
aux petits fruits frais

Voici un dessert exquis pour terminer en beauté un élégant repas. Cette gâterie, qui se prépare à l'avance, a une belle allure et un goût délicieux. Pour lui donner un petit je-ne-sais-quoi, parfumez la crème d'arôme de lavande ou d'eau de rose.

DONNE 6 PORTIONS

240 ml (1 tasse) de lait entier
15 ml (1 c. à table) de gélatine en poudre sans saveur
720 ml (3 tasses) de crème à fouetter
80 ml (1/3 tasse) de miel
15 ml (1 c. à table) de sucre
Une pincée de sel
450 ml (2 tasses) de petits fruits variés

VERSER LE LAIT dans une petite casserole en fonte. Y saupoudrer la gélatine et la laisser reposer 5 minutes pour la ramollir. À feu modéré, remuer 5 minutes ou jusqu'à ce que la gélatine soit dissoute sans que le lait n'ait eu le temps de bouillir. Incorporer la crème, le miel, le sucre et le sel. Brasser 2 minutes ou jusqu'à ce que le sucre soit dissous. Retirer du feu. Laisser refroidir quelque peu. Répartir le mélange de crème dans 6 coupes à vin. Couvrir et réfrigérer au moins 6 heures, voire 2 jours.

À la cuillère, déposer les petits fruits sur la panna cotta. Servir.

BISCUITS ET GÂTEAUX
de tous les jours

Que ce soit pour préparer les pâtes, les salades, les sauces ou les ragoûts, la cuisine italienne recourt abondamment aux produits régionaux de la péninsule. L'huile d'olive provient du champ voisin et est versée sur le poisson grillé qui, lui, vient du port au bout de la rue ; le figuier de la cour arrière fournit ses fruits pour faire une sauce qui accompagnera le rôti de porc acheté chez le fermier d'à côté. Cette façon de faire s'applique également aux desserts — pas seulement aux fruits grillés, mais aussi aux biscuits et aux gâteaux. Les noix, les citrons et le fenouil des régions avoisinantes jouent un rôle de premier plan dans la confection des produits de boulangerie. Voici donc quelques recettes de l'Italie.

GÂTEAU AUX AMANDES

Il y a quelques années, la pâtisserie Il Fornaio de Los Angeles faisait un gâteau aux amandes avec lequel je suis tombée en amour. J'ai changé quelque peu la recette originale pour créer une texture différente, mais le gâteau conserve son goût prononcé d'amande. Il est très important de crémer le beurre et la pâte d'amande jusqu'à l'obtention d'un mélange parfaitement lisse.

DONNE 1 GÂTEAU ROND DE 20 CM (8 PO)

120 ml (1/2 tasse) de fine semoule de maïs jaune

120 ml (1/2 tasse) de farine à gâteau

5 ml (1 c. à thé) de levure chimique

120 ml (1/2 tasse) ou 1 bâtonnet de beurre non salé à la température ambiante

60 ml (1/4 tasse) de pâte d'amande, coupée en petits morceaux

2 ml (1/2 c. à thé) d'extrait de vanille

300 ml (1 1/4 tasse) de sucre glace et un peu plus à saupoudrer

4 gros jaunes d'œufs

2 gros œufs

60 ml (1/4 tasse) de crème sure

PLACER LA GRILLE au centre du fourneau et préchauffer ce dernier à 175 °C (350 °F). Enduire de beurre et enfariner un moule à gâteau rond de 20 cm (8 po).

Dans un bol de format moyen, fouetter ensemble la semoule de maïs, la farine à gâteau et la levure chimique. En utilisant un batteur sur socle, et les deux fouets, battre le beurre et la pâte d'amande à haute vitesse environ 3 minutes ou jusqu'à ce que le mélange soit bien lisse. Régler la vitesse à faible intensité et ajouter l'extrait de vanille. Tout en battant pendant environ 3 minutes pour que le mélange devienne léger et mousseux, incorporer graduellement 300 ml (1 1/4 tasse) de sucre glace. Régler l'appareil à intensité élevée. Battre les jaunes d'œufs et les œufs entiers, un à la fois. Réduire la vitesse à intensité moyenne. Ajouter la crème sure et les ingrédients secs. Mélanger juste assez pour incorporer.

Verser le mélange dans le moule préparé à cet effet et en lisser la surface à l'aide d'une spatule. Faire cuire au four 35 minutes ou jusqu'à ce que le gâteau soit doré et qu'il se décolle des rebords du moule. Déposer le moule sur une grille et le laisser refroidir. Démouler le gâteau et le saupoudrer de sucre glace. (Le gâteau peut être préparé 1 journée à l'avance. Le conserver dans un contenant hermétique.) Le moment venu, couper en pointes. Servir.

GÂTEAU AU CHOCOLAT
ET AUX BISCUITS AMARETTI

Le mot amaretti traduit littéralement signifie « un peu amer » mais, dans le langage commun, il renvoie à des biscuits aux amandes à la forme bombée qui sont légers, aérés, croquants et... tout à fait délicieux comme tels. Toutefois, j'aime bien les utiliser comme ingrédient dans un gâteau ; la texture moelleuse de la pâte à gâteau et le croquant des biscuits donnent un merveilleux contraste. Il y a des jours où on ne sait pas si on veut un gâteau ou des biscuits. Et pourquoi pas les deux ? C'est ce que vous offre cette recette.

DONNE 6 PORTIONS

Enduit antiadhésif à saveur de beurre en vaporisateur
180 ml (3/4 tasse) de pépites de chocolat semi-sucré
240 ml (1 tasse) d'amandes en julienne
240 ml (1 tasse) de petits biscuits amaretti donnant environ 57 g (2 oz)
120 ml (1/2 tasse) ou 1 bâtonnet de beurre non salé à la température
  ambiante
160 ml (2/3 tasse) de sucre granulé
10 ml (2 c. à thé) de zeste d'orange râpé (approximativement 1 orange)
4 gros œufs
Environ 30 ml (2 c. à table) de poudre de cacao non sucrée, à saupoudrer

PRÉCHAUFFER LE FOUR à 175 °C (350 °F). Vaporiser un moule à charnière d'un enduit antiadhésif et le réfrigérer.

Déposer les pépites de chocolat dans un petit bol. Les passer au four micro-ondes 2 minutes ou jusqu'à ce que le chocolat soit fondu ; remuer aux 30 secondes.

Dans un robot culinaire, moudre les amandes et les biscuits. Déposer le mélange dans un bol. Mettre le beurre, le sucre et le zeste d'orange dans le bol du robot culinaire et faire fonctionner l'appareil jusqu'à l'obtention d'une consistance lisse et crémeuse. Entre-temps, ajouter les œufs un à un. Incorporer le mélange de noix et le chocolat fondu. Bien mélanger jusqu'à l'obtention d'une belle pâte lisse.

Verser la pâte dans le moule déjà préparé à cet effet. Faire cuire le gâteau 35 minutes ou jusqu'à ce que le centre soit gonflé et qu'un cure-dent inséré au centre du gâteau en ressorte propre. Laisser refroidir le gâteau 15 minutes dans son moule. Démouler et déposer dans un plat de service. Saupoudrer de poudre de cacao. Servir.

CITRUS BISCOTTI

Le mot biscotti *signifie « cuit deux fois », une méthode de cuisson qui donne ce biscuit ferme et croquant qui, récemment, est devenu si populaire en Amérique. Cependant, il ne s'agit pas d'une nouveauté car les marins, à l'époque de Christophe Colomb, apportaient déjà en mer des biscuits de ce genre parce que ces derniers se conservaient longtemps. Ces petites gâteries sont délicieuses avec le café ou le thé, et c'est ainsi que ma grand-mère, ma mère et moi les mangions lorsque j'étais enfant. Le zeste de citron donne à ces biscuits une nouvelle saveur, un petit goût d'Italie. Si vous le préférez, vous pouvez utiliser soit du zeste d'orange, soit du zeste de citron ; il n'est pas nécessaire d'inclure les deux dans la recette.*

DONNE 3 DOUZAINES DE BISCUITS

480 ml (2 tasses) de farine tout usage

180 ml (3/4 tasse) de fine semoule de maïs jaune

7 ml (1 1/2 c. à thé) de levure chimique

5 ml (1 c. à thé) de sel

240 ml (1 tasse) de sucre granulé

3 gros œufs

15 ml (1 c. à table) de zeste d'orange râpé (environ 1 orange)

15 ml (1 c. à table) de zeste de citron râpé (environ 2 citrons)

120 ml (1/2 tasse) de pistaches écalées, grossièrement hachées

PRÉCHAUFFER LE FOUR à 160 °C (325 °F). Chemiser une grande plaque à pâtisserie de papier-parchemin. Dans un grand bol, fouetter ensemble la farine, la semoule de maïs, la levure chimique et le sel. Dans un autre grand bol, au mélangeur électrique, battre le sucre et les œufs 3 minutes ou jusqu'à l'obtention d'une substance jaune pâle et mousseuse. Combiner les zestes d'orange et de citron. Ajouter le mélange de farine. Remuer légèrement le tout ; la pâte sera molle et collante. Incorporer les pistaches. Laisser reposer 5 minutes.

À l'aide d'une spatule de caoutchouc, en formant deux monticules égaux et espacés l'un de l'autre, déposer la pâte sur la plaque à pâtisserie déjà préparée. Les mains humectées, façonner la pâte en deux rouleaux de 27,5 cm x 10 cm (11 po x 4 po). Faire cuire la pâte 35 minutes ou jusqu'à ce que les rouleaux soient légèrement brunis. Laisser refroidir 5 minutes. À l'aide d'un couteau dentelé, couper les rouleaux en diagonale dans le sens de la largeur pour obtenir des tranches de 1,25 cm (1/2 po) d'épaisseur. Déposer les biscotti, côté tranché en dessous, sur la même plaque à pâtisserie et les faire cuire 25 minutes ou jusqu'à ce qu'ils soient bien dorés. Laisser refroidir. Servir.

BISCUITS AUX PIGNONS

Les pignons et les graines de fenouil ne constituent pas une combinaison d'ingrédients que l'on s'attend à rencontrer dans une recette de biscuits — elle semble plus appropriée au pesto. Pourtant, cette combinaison recèle le secret de la saveur de beurre frais et de la pâte à sablé feuilletée que donneront ces savoureux biscuits. Il n'est pas toujours facile de se procurer des graines de fenouil moulues. Dans le commerce, on ne trouve souvent que des graines entières ; il suffit alors de les moudre soi-même, soit avec un mortier et un pilon, soit au moulin à café (c'est plus rapide). J'aime bien préparer cette pâte à l'avance et la congeler ; il ne me reste qu'à la faire cuire quand j'en ai besoin.

DONNE ENVIRON 3 DOUZAINES DE BISCUITS

120 ml (1/2 tasse) ou 1 bâtonnet de beurre non salé, à la température ambiante

120 ml (1/2 tasse) plus 30 ml (2 c. à table) de sucre granulé

5 ml (1 c. à thé) d'extrait de vanille

5 ml (1 c. à thé) de graines de fenouil moulues

1 ml (1/4 c. à thé) de sel

1 gros œuf

300 ml (1 1/4 tasse) de farine tout usage

60 ml (1/4 tasse) de pignons

DANS UN GRAND BOL, au malaxeur électrique, battre le beurre, le sucre, la vanille, les graines de fenouil et le sel jusqu'à l'obtention d'une substance légère et mousseuse. Y battre l'œuf. Ajouter la farine et remuer juste assez pour l'incorporer.

Déposer la pâte sur une feuille de pellicule plastique. Lui donner la forme d'un rouleau de 20 cm (8 po) de longueur. Envelopper la pâte dans une pellicule plastique et la réfrigérer pendant 2 heures.

Préchauffer le four à 175 °C (350 °F). Chemiser 2 grandes plaques à pâtisserie de papier-parchemin.

Couper la pâte dans le sens de la largeur pour obtenir des tranches de 3 à 5 mm (1/8 à 1/4 po) d'épaisseur. Tout en les espaçant également, déposer les biscuits sur les plaques à pâtisserie. Décorer chaque biscuit d'un pignon ; presser légèrement ce dernier pour qu'il s'enfonce quelque peu dans le biscuit. Faire cuire les biscuits 15 minutes ou jusqu'à ce qu'ils soient dorés sur leur pourtour. (Les biscuits peuvent être faits 1 journée à l'avance. Les conserver dans un contenant hermétique à la température ambiante.)

GÂTEAU QUATRE-QUARTS
au mascarpone et à l'amaretto

Je vous présente ici le dernier, mais non le moindre, dessert d'À l'Italienne tous les jours. Bien sûr, j'ai triché un tout petit peu — je n'allais tout de même pas vous demander de faire cuire un quatre-quarts. Il n'en demeure pas moins que ce mélange de saveurs très distinctives vous transportera sur la terrasse d'un café italien, où vous grignoterez ce fantastique dessert en sirotant des expressos et en regardant passer les gens, plutôt que de vous éreinter dans votre cuisine pendant des heures.

DONNE 6 PORTIONS

60 ml (1/4 tasse) d'amandes effilées
180 ml (3/4 tasse) de gelée d'abricots
45 ml (3 c. à table) d'amaretto
1 quatre-quarts (*pound cake*) de 335 g (10 3/4 oz), coupé dans le sens
   de la largeur pour obtenir 12 tranches
160 ml (2/3 tasse) de fromage mascarpone

PRÉCHAUFFER LE FOUR à 175 °C (350 °F). Placer les amandes sur une grande plaque à pâtisserie en fonte et, tout en les remuant occasionnellement, les faire griller 7 minutes ou jusqu'à ce qu'elles soient légèrement brunies et qu'elles rendent leur parfum. Laisser refroidir complètement.

Dans un petit bol, incorporer la gelée d'abricots et l'amaretto. Bien mélanger. En travaillant par lots, faire griller les tranches de quatre-quarts au grille-pain jusqu'à ce qu'elles deviennent bien dorées.

Dans chacune des 6 assiettes, déposer 1 tranche de gâteau. À la cuillère, étendre une portion de mascarpone sur chacune des tranches. De façon asymétrique, disposer une seconde tranche sur la première. À la cuillère, ajouter un peu du mélange de gelée d'abricot. Saupoudrer d'amandes effilées. Servir immédiatement.

Le quatre-quarts peut aussi être cuit au gril ou rôti

au four — **on choisit la méthode
qu'on trouve la plus simple.**

Remerciements

Je suis extrêmement reconnaissante envers ma famille, qui a toujours été une source d'inspiration et qui m'a permis de réaliser mes objectifs professionnels, en plus de m'avoir légué la passion de la nourriture et l'amour des traditions. Merci à ma mère de m'avoir apporté le soutien financier dont j'avais besoin et de m'avoir supportée de tout son amour pendant les longues années de ma formation culinaire ; à tante Raffy, pour avoir partagé les secrets de recettes familiales et m'avoir donné le plaisir de cuisiner avec elle (c'est un souvenir impérissable) ; à ma sœur Eloisa, à mon frère Igor et à ma meilleure amie, Jen, pour leur support indéfectible et leur amour inébranlable.

De chaleureux mercis à toutes ces merveilleuses et talentueuses personnes qui ont collaboré à créer ce livre de recettes et à lui donner vie. Un merci tout spécial s'adresse à Victoria Pearson, la plus talentueuse des photographes que je connaisse ; à Rori Trovato, un styliste alimentaire tout à fait brillant ; à Julie Clevering, la meilleure maquilleuse qui soit ; à Rochelle Palermo, pour son optimiste et son positivisme lorsqu'elle testait et retestait les recettes, et pour son agréable compagnie ; à Eric Greenspan, à la fois mon ami, mon gérant et mon avocat, qui prend soin de tout ce qui m'entoure ; à mon éditeur, Chris Pavone de la maison Clarkson Potter, qui m'a guidée de façon si extraordinaire et qui a été si patient.

Je remercie aussi le Seigneur pour avoir été si généreux à mon égard, pour m'avoir donné des racines et une lignée familiale nanties de tant de richesses.

Mes plus sincères remerciements au réseau de l'alimentation (Food Network) qui m'a donné la chance de partager mon amour de la cuisine italienne et de la famille avec de si nombreuses personnes ; à Bob Tuschman, qui m'a ouvert les portes de la grande famille de Food Network ; à Irene Wong, ma productrice (à l'émission *Everyday Italian*) et une merveilleuse amie, pour son beau travail et son dévouement ; à tous les membres de l'équipe d'*Everyday Italian* pour leur besogne fantastique qui rend mon travail si amusant.

Finalement, merci à Mario Batali, mon ami, pour ses excellents conseils.

Index

Table de conversion

Les cuisiniers américains utilisent des instruments de mesure standard, soit la tasse de 8 onces qui contient exactement 16 cuillérées à table. Il est difficile d'obtenir un équivalent en poids lorsqu'on utilise une tasse à mesurer, puisqu'une tasse de beurre bien compacté est considérablement plus pesante qu'une tasse de farine. La façon la plus facile de remédier à la situation dans les recettes est de s'en tenir au volume plutôt qu'au poids. Les équivalents se lisent alors ainsi :

1 tasse = 240 ml = 8 oz liq.
1/2 tasse = 120 ml = 4 oz liq.

Partout dans le monde, il est possible d'acheter un ensemble de tasses à mesurer américaines.

Aux États-Unis et au Canada, le beurre est souvent mesuré en bâtonnets, et un de ces derniers équivaut à 8 c. à table (½ tasse ou 4 oz). Par conséquent, une cuillère à table de beurre correspond à 15 grammes (½ oz).

MESURES LIQUIDES

Onces liquide	U.S	impérial	Millilitres (SI)
	1 c. à thé	1 c. à thé	5
1/4	2 c. à thé	1 c. à dessert	10
1/2	1 c. à table	1 c. à table	14
1	2 c. à table	2 c. à table	28
2	¼ tasse	4 c. à table	56
4	½ tasse		120
5		1/4 chopine ou 1 gill	140
6	¾ tasse		170
8	1 tasse		240
9			250, 1/4 L
10	1 ¼ tasse	1/2 chopine	280
12	1 ½ tasse		340
15		3/4 chopine	420
16	2 tasses		450
18	2 ¼ tasses		500, 1/2 L
20	2 ½ tasses	1 chopine	560
24	3 tasses		675
25		1 1/4 chopine	700
27	3 ½ tasses		750
30	3 ¾ tasses	1 1/2 chopine	840
32	4 tasses ou 1 pinte		900
35		1 3/4 chopine	980
36	4 ½ tasses		1000, 1 L
40	5 tasses	2 chopines ou 1 pinte	1120

MESURES SOLIDES

Onces	Livres	Grammes	Kilos
1		28	
2		56	
3 1/2		100	
4	1/4	112	
5		140	
6	1/2	168	
8		225	
9	3/4	250	1/4
12	1	340	
16		450	
18	1	500	1/2
20	1/41	560	
24	1/2	675	
27		750	3/4
28	1 3/4	780	
32	2	900	
36	2 1/4	1000	1
40	2 1/2	1100	
48	3	1350	
54		1500	1 1/2

ÉQUIVALENTS DES TEMPÉRATURES DU FOUR

Fahrenheit	Celcius	Marque de gaz	Description
225	110	1/4	Froid
250	130	1/2	
275	140	1	Très lent
300	150	2	
325	170	3	Lent
350	180	4	Modéré
375	190	5	
400	200	6	Chaud
425	220	7	Très chaud
450	230	8	Élevé
475	240	9	Très élevé
500	250	10	Extrêmement élevé

Toutes les recettes de grillades peuvent être adaptées pour la cuisson au four ; soyez vigilant, les grilles seront très chaudes.

LES ÉQUIVALENTS POUR LES INGRÉDIENTS

Amidon de maïs — fécule de maïs

Crème épaisse — crème 35 % M.G.

Crème légère — crème fleurette

Échalote — ciboule

Farine non blanchie — farine naturelle

Farine tout usage — farine ordinaire

Gros sel — sel de cuisine

Haricots de Lima — gourganes

Moitié moitié — demi-crème (12 % M.G.)

Zeste — écorce

Zucchini — courgette ou courge à moelle

Pour obtenir une copie
de notre catalogue,
commmuniquez avec :

AdA

1385, boul. Lionel-Boulet
Varennes, Québec
J3X 1P7
Téléc : (450) 929-0220
info@ada-inc.com
www.ada-inc.com

Pour l'Europe, voici les coordonnées :
France : D.G. Diffusion   Tél. : 05.61.00.09.99
Belgique : D.G. Diffusion   Tél. : 05.61.00.09.99
Suisse : Transat Tél. : 23.42.77.40

www.ada-inc.com